50 CLAVES
PARA PODER JUBILARTE ANTES DE LOS 50

#MétodoFree

PABLO GIMENO

50 CLAVES PARA PODER JUBILARTE ANTES DE LOS 50

#MétodoFree

PRÓLOGO DE TONI NADAL

EDICIONES PIRÁMIDE

COLECCIÓN «EMPRESA Y GESTIÓN»

Director: Miguel Santesmases

Diseño de cubierta: Grupo PGS

Juan Ignacio Luca de Tena, 15. 28027 Madrid
Teléfono: 91 393 89 89
www.edicionespiramide.es
Depósito legal: M. 30.144-2018
ISBN: 978-84-368-4011-7
Printed in Spain

Índice

Agradecimientos 9
Prólogo *(Toni Nadal)* 11
A modo de presentación 15

1. Tomando las riendas de tu vida 17
2. Ten claro tu objetivo 20
3. En busca de la libertad financiera 23
4. Planificación financiera 26
5. Analiza tu patrimonio neto actual 29
6. Lleva al día tu contabilidad personal 33
7. Elabora tu presupuesto 36
8. Realiza inversiones, no gastos 39
9. El ahorro: vive por debajo de tus posibilidades 42
10. Incorpórate pronto al mercado laboral 45
11. Endéudate con inteligencia 48
12. Jamás pongas techo a tus ingresos 51
13. Tu valor 54
14. El juego del dinero 57
15. ¿Dónde invertir? 60
16. ¿Invertir en empresas? 62
17. Define tu perfil inversor 65
18. Encuentra la empresa perfecta para invertir 68
19. El proceso de negociación 73
20. Consigue ingresos pasivos 78
21. Monta tu propio negocio 81
22. Lánzate a la acción 84
23. La fórmula para emprender sin dinero 86
24. Potencia tu marca personal 88
25. Es inevitable tener algún enemigo 90

26. Convierte a tus enemigos en aliados 92
27. Aprende de los mejores 94
28. Un club puede ser una oportunidad 96
29. Acepta 20 años de esfuerzo y sacrificio 98
30. Crea tu rutina diaria 100
31. La importancia del descanso 103
32. La familia 106
33. Ten actitud de deportista ante el fracaso 108
34. Aprende a tratar el miedo 110
35. Mantén una actitud de espera ante los problemas 112
36. Sé más grande que tus problemas 115
37. La resistencia al dolor 118
38. Ten decisión y confianza. Cree en tu éxito 121
39. Convence y convéncete de que eres el mejor 123
40. Piensa en grande 125
41. Aléjate de quejicas 128
42. Rodéate de personas positivas 131
43. La importancia del optimismo 134
44. Sé apasionado 136
45. Conviértete en un líder 139
46. Sed de conocimiento 142
47. Busca inspiración 145
48. Encuentra tu coach 148
49. La perspectiva 151
50. La suerte 154

A modo de despedida: contacta conmigo 159

Agradecimientos

Este libro es una mezcla de todo lo aprendido de Marta, de mi padre y hermanos, de mi pandilla de amigos, de mis profesores de la UFV, de los integrantes de Grupo PGS y de sus cientos de clientes a los que he atendido.

Gracias a Valle por su ayuda.

Y muy especial, gracias a mi madre a la que tanto echo de menos... Pocas cosas hay como una madre.

Prólogo

Siempre he pensado que todo en esta vida tiene un denominador común: el deporte, la vida personal, la empresa o cualquier actividad o empeño que nos mueva.

Este libro ratifica esta idea y describe los sorprendentes paralelismos que hay entre los hábitos de un deportista de élite y cualquier persona que busque la excelencia profesional o aspire a destacar en su ámbito de actuación.

No es ningún descubrimiento el hecho de que para conseguir algo importante en la vida hay que pagar un alto peaje en forma de esfuerzo y exigencia. A mí me gusta matizar esta idea y no entender ese trabajo diario y continuo como un sacrificio, sino más bien como una forma de proceder consecuente con el objetivo que uno se propone.

En cualquier caso, hay toda una serie de actitudes tan deseables como determinantes que debe aplicar por igual quien busque unas altas metas, tanto da que sea un deportista de élite, un emprendedor o un empresario. Se trata de la exigencia diaria, la determinación, el compromiso y, sobre todo, el amor por lo que uno hace.

El esfuerzo es un valor muy ensalzado y, de hecho, pienso que debería ser así, pero yo soy más propenso a usar la palabra exigencia. El esfuerzo puede ser un hecho repetitivo e impremeditado, simplemente; un término que hace referencia a una cantidad de trabajo por encima de lo normal, quizás. Pero no siempre tiene resultados efectivos. En la exigencia, en cambio, yo entiendo que hay un componente de reflexión. Ningún aprendizaje ni ningún avance se dan si no hay una labor mental en primer lugar. No podemos trabajar a ciegas. Hay que tener muy claro a dónde queremos ir, cuáles son los objetivos, analizar nuestras virtudes y nuestros defectos, y pensar, reflexionar, decidir cómo debemos actuar y tener la decisión de hacerlo.

Esto tampoco es garantía, siempre, de que estemos en el camino correcto, de que los resultados sean los que esperábamos, pero solo con la reflexión por delante podemos estar en el camino correcto.

Ahí es donde se empieza a ver la diferencia entre los que tienen compromiso real o no, entre los que perseveran y los que deciden abandonar, entre los que realmente se apasionan o se derrumban ante la dificultad.

Para triunfar en cualquier ámbito de la vida, viene muy bien también tener un componente de humildad. Esta es la que te permite aceptar el error como algo natural que ocurre en la vida, para entender que un resultado negativo es una oportunidad de aprendizaje y de enmienda, una ocasión nueva para el análisis, para observar lo que no ha funcionado y actuar en consecuencia.

Los grandes triunfadores son los que están dispuestos a darse más oportunidades.

Las fórmulas están todas inventadas, creo yo. No hay grandes descubrimientos sobre el camino a seguir. Siempre digo que lo que funciona es lo que ha venido funcionando toda la vida. Es verdad que estamos ante una sociedad que enfrenta nuevos retos, un mundo altamente cambiante con nuevos códigos, pero la base, lo importante, siguen siendo los mismos valores que han funcionado toda la vida: la disciplina, el ejercicio de la voluntad, la actitud en mayor medida que la aptitud y, sobre todo, la fortaleza de carácter y la inteligencia emocional.

Si al trabajo diario, a la perseverancia y a la disciplina no le acompañan un buen estado mental, navegamos a la deriva o a la suerte de los vientos cambiantes.

En mis años de trabajo con mi sobrino, sobre todo en sus años de formación, hice mucho más hincapié en la fortaleza de su carácter que en los aspectos técnicos de nuestra disciplina. Y es lo que seguimos intentando en la academia que ahora dirijo.

Un carácter voluble, que no esté preparado para aceptar las dificultades o que no salga todo siempre perfecto, tiene una dificultad insalvable por muchas otras aptitudes que se tengan.

La cabeza es la que manda siempre, independientemente de si hablamos de un hombre de empresa o de un deportista de élite.

Nadie dijo que era fácil. Conseguir objetivos ambiciosos es un arduo camino, lleno de altibajos, decepciones que hay que superar y caminos que hay que rehacer. Lo que me ha quedado claro a lo largo de todos estos años, sin embargo, es que independientemente de las recompensas materiales o del reconocimiento, hay un elemento superior que se valora en menor medida, quizás, pero que para mí es el aspecto más fundamental: la satisfacción personal del que persigue grandes retos.

TONI NADAL

A MODO DE PRESENTACIÓN

¿50 claves para poder jubilarte antes de los 50? ¿Es eso lo que realmente quiero ofrecerte con este libro? En realidad, es algo más que eso. Mejor dicho: mucho más que eso. De lo que se trata es de poder elegir. Que seas tú quien esté en la facultad de decidir si quieres seguir trabajando o no.

¿Cómo se consigue algo así? Vivimos en una sociedad en la que nos sentimos obligados a trabajar ocho horas diarias desde los veinte hasta los sesenta y cinco años... ¿Existe alguna fórmula para acabar con esa «obligación»?

Sí que existe. Pero más que una fórmula es todo un proceso activo, continuo y constante en el que aprendamos a identificar cuáles son exactamente los esfuerzos que hemos de realizar durante media etapa de tu vida para poder vivir mejor que nadie la otra mitad de ella. Un proceso que nos ha de llevar a tomar las riendas de nuestra vida y alcanzar el objetivo primordial: **la libertad financiera.**

En las próximas páginas voy a enumerarte una serie de claves que durante mucho tiempo he ido contrastando como valiosas para alcanzar una libertad financiera que puede contribuir a que uno se permita una jubilación anticipada si lo desea, pero, sobre todo, a que tú seas capaz de tomar las riendas de tu vida con la motivación, la pasión y la persistencia necesarias.

Pero antes de dar paso a las razones por las que considero que este libro te puede beneficiar, creo que es necesario presentarme...

Quiero transmitirte pasión y subrayar el valor del esfuerzo y la constancia. Considero imprescindible, en consecuencia, que, si ese es mi deseo con este libro, antes me conozcas un poco y sea capaz de ofrecerte la confianza necesaria para un cometido tan ambicioso.

Los valores que han guiado el rumbo de mi vida son la honestidad, la sensatez, el esfuerzo, la perseverancia y la disciplina. Todos ellos los he aprendido de mi propia familia, un activo que estimo especialmente valioso, y en cuyo seno crecí en Madrid como el menor de cinco hermanos.

Ya desde que empezaba a estudiar Administración y Dirección de Empresas, con dieciocho años, fundé mi primera empresa: una pequeña academia de estudios en la localidad donde vivía. Empezaba así mi aventura como emprendedor.

Desde entonces han pasado ya cerca de veinte años, y actualmente soy el presidente de Grupo PGS, grupo empresarial con más de diez años de experiencia en consultoría estratégica y búsqueda de inversión. También dirijo la Red de Inversores de la Universidad Francisco de Vitoria, analizo la actualidad económica en diferentes medios de comunicación, soy ponente en congresos internacionales de referencia y en escuelas de negocio, y cuento con una experiencia previa en este mundo editorial, ya que publiqué en 2015 *El método Gimeno: Las 17 claves para que un inversor compre tu empresa.*

Y lo más importante de todo: soy padre de tres hijos. Ellos junto con mi mujer son los activos más valiosos de mi balance personal y profesional.

Una vez hechas las presentaciones, es hora de dar paso a esas 50 claves de distinta naturaleza, no solo financiera (muchas de ellas son actitudinales), que confío de verdad en que te resulten valiosas y te ayuden, sobre todo, a ser quien quieres ser.

1
Tomando las riendas de tu vida

Quiero comenzar confesando un pensamiento al que llevo dándole vueltas muchos años y que ha cambiado por completo mi forma de ver y actuar en el plano financiero.

Desde que empezamos a ir al colegio con tres años, pasamos por un período formativo medio de veinte años. Un período que implica un esfuerzo diario: acudir al centro de estudios que corresponda, asistir a las clases y prácticas, empleando en ello un buen número de horas diarias, cinco días de la semana, a las que añadir otras dos o tres horas de estudio también diario... Un esfuerzo en tiempo y también económico, ya que ello implica además un dinero invertido, que no gastado (veremos la diferencia en las siguientes claves) en libros y material de trabajo. Todo ello responde a la inquietud de nuestros padres y, en ocasiones, a la nuestra propia, de estar lo más y mejor preparados posible para incorporarnos al mercado laboral en una buena posición.

Así es como a los 22 o 23 años empezamos a trabajar, y hasta los 65 o 67 años no podemos jubilarnos, lo cual significa que estaremos más de cuarenta años trabajando. Es decir, por mucho que tú creas que el dinero para ti no es importante, que lo importante es el amor, la familia, viajar..., en última instancia dedicas una enorme parte de tu vida a conseguir dinero para poder sobrevivir en este mundo y cubrir las necesidades básicas de tu vida: comer, dormir bajo el techo de una casa, vestirte, viajar, etc.

No nos engañemos: irremediablemente, el dinero es una de nuestras preocupaciones.

Es alucinante cómo la mayoría de las personas se preocupan solo en el día a día (ir a la universidad, recuperar exámenes, entregar informes en el trabajo, aguantar al jefe, pensar en cuándo será el siguiente puente para poder descansar unos días...), pero casi nadie busca la perspectiva suficiente como para hacerse un plan estratégico de su vida en el que intentar conseguir en mucho menos tiempo lo que otros terminan consiguiendo cuando se jubilan (o quizá nunca).

Evidentemente, puedes seguir el camino normal y habitual, el que seguiría el 90 % de la población, preocupándote únicamente del día a día. Pero también puedes elegir formar parte del 10 % que decide tomar perspectiva y coger las riendas de su vida, cambiando el estar 45 años trabajando ocho o diez horas al día, cinco días a la semana, por conseguir lo mismo en la mitad de tiempo. Yo quiero confirmarte que esta segunda alternativa es completamente posible.

Conseguir la libertad financiera no tiene por qué ser el jubilarse como tal y dejar de trabajar de forma definitiva, sino más bien dejar de pensar en el trabajo como una obligación y empezar a considerarlo como algo optativo que puedes escoger o no escoger según tus prioridades y según los objetivos que tengas en cada momento.

Se trata de pasar de vivir para trabajar, y basar tu vida en el trabajo para ganar dinero, a vivir disfrutando del trabajo y viendo cómo el dinero trabaja para ti. En el momento que nos superamos y dejamos de necesitar algo, pasamos a escoger nuestras prioridades de forma distinta.

Cuando realmente consigamos la libertad financiera, podremos escoger trabajar cuando a nosotros nos interese, y podremos elegir trabajar solamente en las cosas que realmente nos apasionen en vez de dedicar nuestras horas a trabajos o proyectos que no nos motivan lo suficiente.

Fundamentalmente es por este motivo por el que he decidido vivir mi vida disfrutando de mi trabajo, por el que en su día decidí ponerme «manos a la obra» para conseguir tener la independencia o libertad financiera en mi vida.

En este libro he recogido diferentes mecanismos y fórmulas que me han ayudado a mí, y estoy seguro de que te ayudarán a ti también, para encontrar un orden y entender todos los conceptos necesarios para hacer una planificación financiera perfecta. Tocaremos conceptos tan abstractos como la suerte, la resistencia al dolor, cómo estar en actitud de espera ante los problemas, la pasión, el miedo, el sacrificio... En definitiva, cómo educar tu mente con la actitud necesaria y lograr el ansiado objetivo de la libertad financiera.

Y por último... ***una reflexión.***

2
Ten claro tu objetivo

La principal razón por la que la mayoría de las personas no obtienen lo que quieren es porque realmente no saben lo que quieren.

Es imprescindible que uno sepa lo que quiere en la vida.

La experiencia me ha enseñado que tan importante como la persistencia o la motivación a la hora de alcanzar los objetivos, es el haber definido muy bien dichos objetivos. Muchas veces fracasamos en el intento de lograr nuestra meta porque nos ponemos en marcha sin tenerla lo suficientemente interiorizada, por lo que nuestros actos no terminan de ir en consonancia con ella.

Me parece necesario marcar desde el principio la importancia de definir bien el objetivo de uno. Si no tienes claro el fin al que te diriges, no vas a acertar con el principio.

Por eso vamos a definir nuestro objetivo desde ya mismo, porque si no, va a resultar francamente difícil que luego pongas en práctica las siguientes claves que te voy a ir desgranando a lo largo de las próximas páginas, ya que requieren, además de una gran parte de esfuerzo y sacrificio, tener las ideas muy claras.

A mí todavía me sigue sorprendiendo la cantidad de personas a las que oigo decir que tienen un objetivo o meta concreta, pero que luego realmente no parecen demostrar un verdadero interés en conseguirlo, más allá de repetirlo cada vez que nos volvemos a ver.

Por eso me resulta bastante fácil distinguir cuándo una de estas personas que se ha propuesto conseguir una meta va efectivamente a lograrlo y cuándo no. ¿Cómo puedo saberlo? Es sencillo: podemos notarlo en su cambio de actitud, en sus conversaciones, en el tiempo que dedica a conseguirlo y, sobre todo, en la pasión que trasmite al hablar del tema.

Es prácticamente imposible crear las condiciones perfectas para lograr nuestro objetivo si no nos hemos molestado en cambiar nuestro entorno ni a nosotros mismos.

Por tanto, antes de seguir leyendo este libro, te aconsejo que pares unos minutos y reflexiones sobre tu meta. Define claramente cuál va a ser tu objetivo, estructúralo perfectamente en tu cabeza y plasma esa idea sobre un papel. Guarda este papel como un tesoro. Ponlo en un lugar donde puedas verlo a menudo.

Por supuesto, nuestro objetivo debe ser realista; eso es algo que debes tener muy en cuenta a la hora de definirlo. Hay que ser ambicioso en la vida y aspirar a lo mejor, pero tampoco debes plantearte objetivos tan altos que sean difícilmente alcanzables.

¿Ya? ¿Ya tienes claro cuál es el objetivo que quieres alcanzar? Pues enhorabuena, ya tienes la mitad del camino hecho.

Está claro que por el camino nos encontraremos dificultades y problemas, tendremos que hacer esfuerzos y sacrificios y, por ello, habrá momentos en los que pensemos abandonar y tirar la toalla. Cuando estas dudas y miedos inunden nuestra cabeza, nos ayudará enormemente y nos dará fuerzas visualizar nuestro objetivo. Pensar en todo lo que podremos hacer si persistimos en nuestra lucha por alcanzar la libertad financiera. Por eso, definir bien nuestro objetivo no es solo la luz al final del camino, es una motivación constante a lo largo de todo el trayecto.

Estas ideas son válidas a la hora de plantearnos los fines en muchas facetas de nuestras vidas; sin embargo, aquí estamos hablando de algo muy concreto. Te doy una pista: tu objetivo debería ser encontrar la libertad financiera.

La libertad financiera es un concepto del que hablaremos en el siguiente capítulo de manera más técnica, aunque sí me gustaría anticiparte algo. La libertad financiera es poder elegir: poder elegir sobre tu trabajo, sobre tu horario, sobre tu tiempo libre, sobre tus gastos, sobre dónde vivir, sobre cómo vivir

Aunque el título del libro sea *50 claves para poder jubilarte antes de los 50* deberías saber que este no es realmente el auténtico fin que perseguimos, ese objetivo que tenemos que tener tan claro desde el principio, sino que es el resultado de lo realmente importante: el haber alcanzado la libertad financiera, es decir, haber conseguido un nivel de ingresos constantes mensuales suficiente como para poder elegir qué hacer con tu tiempo.

Pues bien: ahora que ya tienes claro cuál es tu objetivo, interiorízalo y enfócate de forma rotunda para conseguirlo. Con esfuerzo, sacrificio y organización puedes conseguir todo lo que te propongas. Ya estamos listos para seguir avanzando.

¿El siguiente paso? Ponernos manos a la obra para alcanzarlo. Vamos a la búsqueda de la libertad financiera.

Y por último... ***un consejo de experto.***

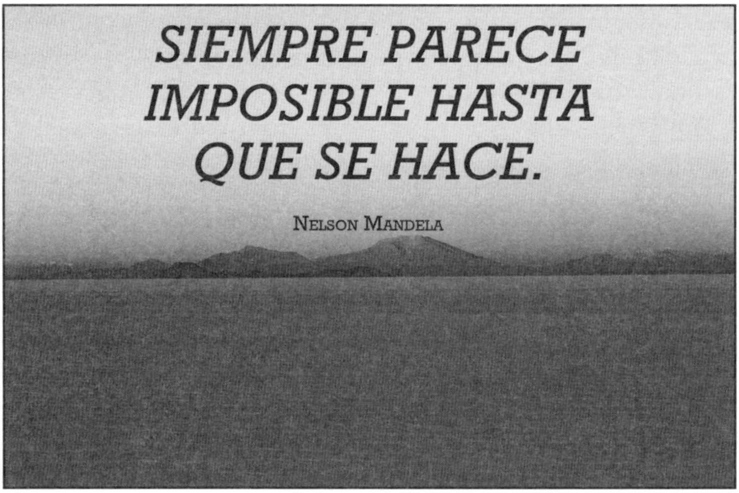

3

En busca de la libertad financiera

Tal y como acabamos de definir, llegado ya a este punto, podemos asumir que tu objetivo después de leer este libro ha de ser el de alcanzar la libertad financiera. Pero es necesario ir definiendo mejor los conceptos. ¿Qué debemos entender por libertad financiera?

Como su propio nombre indica, aquí estamos refiriéndonos a una idea de independencia, o libertad, pero aplicada a términos económicos.

Más rigurosamente, Wikipedia define la libertad financiera de la siguiente forma:

> «La libertad financiera está directamente relacionada con el bienestar económico de un individuo, aunque no con su riqueza. La libertad financiera se puede definir como la capacidad de un individuo de cubrir todas sus necesidades económicas sin que para ello tenga que realizar ningún tipo de actividad. Es importante recalcar que un individuo que posea la libertad financiera no tiene por qué tener un nivel elevado de ingresos, pero sí un nivel elevado de tiempo libre. Es un término que hace referencia a la riqueza en tiempo y no a la riqueza en dinero».

Para entendernos nosotros aquí, dentro del recorrido por nuestras 50 claves, y fuera de definiciones más o menos «oficiales», la libertad financiera, ya te lo anticipaba en el anterior apartado, vendría a ser la capacidad de **poder elegir:** sobre tu trabajo, sobre tu tiempo libre, sobre tus gastos, sobre cómo vivir, etc.

Quiero dejar claro que la libertad financiera no es hacer lo que te dé la gana y derrochar tu dinero. No es la indiferencia hacia tu capital. La libertad financiera consiste en olvidarse de la preocupación de que tus números no te cuadren mes a mes, sin estar trabajando en un «puesto fijo».

Entremos, todavía de manera muy tímida, en terminología algo más técnica: la libertad financiera es el estado en el que la suma de nuestros ingresos pasivos es superior a la suma de nuestros gastos corrientes. En próximas claves trataré de explicarte en mayor profundidad qué son los ingresos pasivos y cómo conseguirlos; de momento te avanzo que me estoy refiriendo a todos aquellos ingresos que se generan sin una actividad y dedicación diaria por tu parte como la que supone un puesto de trabajo.

La idea de «dejar de trabajar para conseguir dinero y empezar a conseguir que nuestro dinero trabaje por nosotros» requiere que te pares dos o más minutos a reflexionar sobre ella, ya que es muy profunda y es una premisa fundamental para alcanzar el objetivo que persigues si estás leyendo este libro.

Como profesor que he impartido clase en una asignatura en la Universidad Francisco de Vitoria de Madrid, recuerdo una anécdota curiosa que viene al caso. Cuando muchas veces he preguntado a mis alumnos de ADE de último curso si prefieren ser una persona de 70 años con unos ahorros desmesurados conseguidos a lo largo de su vida, o ser las personas que son con 22 años y toda una vida por delante, pero sin dinero, es sorprendente ver cómo el 100 % de ellos valoran mucho más el no tener capital, pero sí tiempo, sobre el tener mucho capital, pero no tiempo para disfrutarlo.

¿Por qué te estoy contando esto? Porque esto refleja muy bien que el tiempo es para todos nosotros algo muy valioso, y se trata de un concepto que está directamente relacionado con la libertad financiera, ya que esta no busca otra cosa que el poder administrar tu tiempo de manera distinta a como lo hace la mayoría de la población con sus apretadas jornadas laborales.

Creo que en esta afirmación estamos todos de acuerdo: «tiempo que se va, tiempo que no regresa jamás». Por este motivo, considero que no hay mayor libertad que la de ser dueño de tu tiempo y poder disponer del mismo como mejor desees.

No me cansaré de afirmar que el tiempo es nuestro activo más valioso, y justamente en aprovechar tu tiempo se basa nuestro objetivo, el concepto de la libertad financiera. Tú, como todas las personas de este planeta, tienes derecho a ser libre en cualquier aspecto de tu vida. Y el financiero es uno de los que más tiempo nos requiere.

El lugar donde has nacido, el tipo de familia que tienes o tu necesidad económica en un determinado momento no son los culpables de la situación en la que estás. Son factores que condicionan tu vida, pero nunca la determinan, ya que tú eres libre para decidir cómo afrontar y cambiar aquellas situaciones que no te gustan o con las que no te sientes cómodo.

En este punto, después de enfocar de forma más amplia el concepto de libertad, también me gustaría hablar de qué momento sería el idóneo para empezar a buscar la libertad financiera.

Normalmente las personas empiezan a preocuparse por su futuro financiero y pensar «qué será de mí cuando me jubile» al llegar a los 40 o 45 años, y es entonces cuando empiezan a informarse y contratar diferentes planes de pensiones o planes de ahorro. Pues bien, yo, por el contrario, voy a tratar de convencerte de que para buscar la libertad financiera «hoy es mejor que mañana, y ayer es mejor que hoy».

Nunca es demasiado pronto para empezar a organizar tu vida financiera. Ya veremos más adelante cómo la organización es la base del éxito, pero te adelanto que si no tienes tu situación financiera organizada, va a ser muy difícil que alcances esta ansiada libertad financiera de la que venimos hablando.

Por eso, vamos a ir ya planificando...

Y por último... ***inspírate.***

4
Planificación financiera

Hablábamos en el capítulo anterior de la libertad financiera, y terminábamos colocando como piedra angular para alcanzarla, o al menos para comenzar a avanzar hacia la misma, una buena organización, o planificación, financiera.

La planificación financiera puede que te suene a concepto propio de las empresas, pero lo cierto es que no llegamos a ser del todo conscientes de las grandes similitudes que podemos encontrar entre los individuos y las empresas. En última instancia, bien podríamos decir que cada uno de nosotros somos como una empresa: tenemos nuestros contactos, nuestra imagen, nuestras cuentas, nuestras deudas...

Por eso, la idea de planificación financiera es perfectamente válida asignada a nosotros mismos como individuos. Hablemos pues de nuestra planificación financiera personal.

Seguramente te resultará sorprendente, hablando de planificar, cómo todos los años el Banco de España, las entidades económicas de la Unión Europea o los bancos privados hacen sus previsiones de la situación de la economía para los próximos años y, no solo no cumplen tales previsiones para el largo plazo, sino que incluso las tasas de crecimiento que vaticinan para el próximo año las modifican constantemente.

Pero hacer previsiones y que no se cumplan no quiere decir que haya sido una pérdida de tiempo. Todo lo contrario: todos los países, todas las empresas y todas las personas deben hacer previsiones a futuro asumiendo que no siempre se acertará. Así, estas previsiones, por supuesto, pueden irse modificando por distintos imprevistos o acciones extraordinarias que ocurran. Pero siempre hay que tener un plan, porque improvisar en las finanzas no suele ser una buena idea.

Como empresario, cada cierto tiempo me reúno con los directores de cada empresa de mi Grupo para hacer las previsiones, tanto a corto como a largo plazo. Y con base en mi experiencia, te puedo aconsejar que hagas una planificación, no solo para los próximos cinco años, sino para el resto de tu vida.

Sí, como lo estás leyendo: coge papel y bolígrafo, o abre una hoja de cálculo en tu ordenador, y diseña una cuenta de pérdidas y ganancias que te permita intuir cuál será el capital del que dispondrás en cada momento de tu vida.

En estos momentos me imagino que muchos de los que estáis leyendo este libro me responderíais si me tuvierais delante lo mismo que me responden algunos de los directores de mis empresas cuando les pido que me hagan unas previsiones a cinco o diez años. ¡Cómo voy a decirte lo que va a ocurrir a 5 o 10 años vista si no sé exactamente lo que va a ocurrir en mi vida mañana!

Y yo como respuesta te pediría si estuvieras delante, y lo hago desde estas páginas, que confíes en lo que pretendo transmitirte en este libro y lo intentes. Las próximas claves te irán permitiendo ver por qué.

Te comentaba al comienzo de este capítulo que cualquiera de las personas que está leyendo este libro dista muy poco de una empresa. Es por eso por lo que empleo conceptos e ideas que bien pueden emplearse para ambos casos. Por ejemplo, las principales herramientas que hay en una empresa para llevar el control y el rumbo de la misma normalmente son: una cuenta de pérdidas y ganancias, un balance y un plan de negocio. Pues bien, exactamente esos mismos elementos son los que vas a tener que componer tú mismo si deseas estar en disposición de alcanzar esa libertad financiera que te permitirá trabajar la mitad de años que el resto de personas que te rodean.

Enseguida vamos a conocer mejor estas herramientas y cómo usarlas, pero termino ya este capítulo con una idea que debemos tener siempre muy presente: la planificación es fundamental para trazar el rumbo o camino a seguir para alcanzar nuestra meta: debes tener muy claro cómo es tu situación financiera actual y cómo crees que va a ser a lo largo de tu vida.

Cito a Robert Kiyosaki, autor que quizá conozcas, para reforzar la importancia de esta idea que intento transmitirte:

> «Cuando te ves obligado a pensar, se expande tu capacidad mental. Y al expandir tu capacidad mental, aumenta tu riqueza».

Y por último... ***un poco de humor.***

5

Analiza tu patrimonio neto actual

En este capítulo hablaremos de dos parámetros fundamentales para esa empresa que, como ya hemos dicho, somos todos, y a través de los cuales vamos a ser capaces de analizar nuestro patrimonio neto. Lo que vamos a ver a continuación es cómo realizar un balance de situación propio y cómo calcular el valor de una empresa, para así en última instancia calcular el valor de ti mismo.

En 2013 participé en un programa en *prime time* de la 1 de TVE, una versión española del conocido *Dragons Den,* que se llamaba *Tu oportunidad.* En el mismo, yo era uno de los cinco inversores que, cada miércoles, teníamos la oportunidad de decidir si comprar y/o participar en el accionariado de empresas con un compromiso real, y solo tras cinco minutos de exposición por parte de los empresarios.

Algunos de los seguidores del programa que me veían por la calle me solían hacer la misma pregunta: cómo éramos capaces de calcular tan rápido el valor de una empresa si solo podíamos hacerles 10 o 15 preguntas durante el programa, y teniendo menos de diez minutos para decir si comprábamos parte de su empresa ante los ojos de media España.

Podría parecer que éramos muy originales porque realizábamos preguntas que parecían distintas en cada caso, pero nada más lejos de la realidad. Efectivamente, a todos les preguntábamos lo mismo, pero de distinta forma.

Lo primero que teníamos que hacer era componer mentalmente el balance de la empresa que se presentaba. Para aquellos que no estéis tan familiarizados con estos términos, podríamos decir que el activo está compuesto por todos aquellos bienes tangibles o intangibles de que dispone la empresa. Por el contrario, el pasivo, definido a brocha gorda, serían aquellas deudas a corto y largo plazo que tiene contraídas la misma.

En la parte del activo, tendríamos que diferenciar aquellos bienes de larga duración en el activo fijo (una nave o un local), y tres partidas de activo circulante: los derechos de cobro, las existencias y el disponible. Pues bien, en tu caso, para calcular cuánto vale tu activo, tendrás que contemplar también estas partidas. Tus activos fijos estarán compuestos probablemente por tu vivienda, vehículo, muebles, joyas o maquinaria como ordenadores u otros elementos que te acompañan día a día. Tu activo circulante se compondría de derechos de cobro (aquellos amigos, familiares o personas que te deban dinero), tus depósitos, inversiones y dinero en efectivo o bancos.

Para calcular tu pasivo, tendríamos que analizar todas las deudas que has contraído, como por ejemplo tu hipoteca, el crédito que has pedido para poder tener ese coche que tanto te gusta, préstamos personales, tarjeta de crédito, o préstamos que te hayan podido hacer gente de tu entorno.

Activo		**Pasivo**	
Activo largo plazo Nave local Vivienda	100.000	**Pasivo largo plazo** Hipoteca Crédito medio plazo	35.000
Activo corto plazo Derechos de cobro existencias Depósitos inversiones Disponible Efectivo Bancos	100.000	**Pasivo corto plazo** Tarjeta de crédito, préstamos corto plazo	35.000
		Patrimonio neto	130.000
Total	200.000	Total	200.000

La suma de tu activo menos tus pasivos, te dará como resultado tu patrimonio neto actual.

Patrimonio neto = Activo – Pasivo

Este es el punto de partida, del que tienes que empezar a construir para lograr el objetivo que perseguimos con este libro.

Cabe la posibilidad de que el resultado final de esta simplificada operación que te propongo te salga con signo negativo, en cuyo caso, vamos a tener que remar más y más fuerte que aquellos a los que su resultado les haya salido positivo.

Esta sería la parte del balance, el primero de los parámetros a los que me refería. El segundo parámetro que introducíamos es que todas las empresas tienen un valor y necesitamos calcularlo. Se puede calcular el valor de una empresa restando al activo su pasivo, como acabamos de ver, pero como profesional del sector M&A, te puedo asegurar que existen distintas y diversas fórmulas para calcular este valor.

Una empresa se puede valorar mediante el método de «descuento de flujos», es decir, calculando los beneficios que espera tener en los próximos años y retrocediéndolos hoy, aplicando una tasa de descuento correcta.

Otra fórmula muy utilizada en el sector es calcularlo mediante los múltiplos de EBITDA (de su beneficio), que consiste en hallar una media del beneficio obtenido en los cuatro o cinco últimos años y aplicarle un múltiplo propio del sector al que se dedica.

También es verdad que los más pragmáticos opinan que una empresa vale tanto como el mercado esté dispuesto a pagar por ella; es decir, que su valor depende de la oferta y la demanda.

En un balance existen también otros activos en los que no hemos llegado a profundizar todavía, como puede ser la marca, es decir, tu valor personal. ¿Cuánto vale tu marca? ¿Cuánto valen tus siglas? En próximos capítulos analizaremos este tema en profundidad, pero ya te adelanto algo: tu empresa personal vale tanto como valgas tú.

Por supuesto que para calcular tu propio valor como empresa no te voy a pedir que te subas a una báscula y multipliques cada kilo que pesas por 100 €. Te voy a pedir que calcules tu valor exactamente igual que lo haríamos con una empresa. Es decir, podríamos hacer un cálculo de los beneficios que esperas generar en los próximos cinco años y descontarlo hoy en día; podríamos valorar el beneficio que has tenido en los últimos años; podríamos calcular tu patrimonio neto restando a tu activo tus pasivos; o podrías calcular tu propio valor pensando en cómo te ve el mercado, el valor que eres capaz de generar a otra empresa o sobre la riqueza que eres capaz de crear.

De manera que, después de todo esto, te propongo que intentes calcular cuánto vales, cuál es tu valor. Creo que tienes un ejercicio interesante ante ti «jugando» a calcular tu valor según las distintas fórmulas que te acabo de explicar. ¿Te atreves a ver el resultado?

Y por último... ***un consejo.***

6

LLEVA AL DÍA TU CONTABILIDAD PERSONAL

Como todos sabemos, vivimos en una sociedad en la que el dinero es un elemento fundamental del cual no podemos prescindir. Esta realidad hace que cada uno de nosotros, en la medida de nuestras posibilidades, debamos ejercer constantemente de pseudocontables para nosotros mismos.

Es imposible que alcances la libertad financiera que deseas si no sabes en qué gastas tu dinero o cuáles son los ingresos que obtienes cada mes. La contabilidad es una herramienta muy valiosa que nos informa sobre nuestra situación económica en un momento determinado y nos permite conocer cuál es su evolución mensual o anual.

Como en una empresa, la mejor protección para la economía de un hogar es conocer muy bien todos sus ingresos y gastos.

La mayoría de las personas empiezan a interesarse por su contabilidad personal y/o familiar en el momento en el que su situación económica empieza a ir mal o regular. Este es el momento en el que deciden empezar a querer ser conscientes de qué gastos recurrentes tienen, qué gastos imprevistos pueden surgir en los próximos meses y qué ingresos disponen para hacer frente a dichos gastos.

Es decir, la mayoría de las veces nos esforzamos por organizar nuestras finanzas cuando tenemos dificultades, y cuando las cosas empiezan a ir mejor otra vez volvemos a descuidarlas. Por lo que, como ya podéis imaginar, al volver a descuidar nuestra contabilidad, seguramente vuelvan los baches financieros.

Entonces, ¿qué solución tenemos para que estos problemas financieros no se hagan cíclicos?

Pues muy fácil: aprender el hábito de llevar al día nuestra contabilidad personal o familiar. No es necesario tener conocimientos contables o económicos previos. Al principio, como cualquier nuevo hábito, costará implantarlo en nuestro día a día, pero cuando entendamos la importancia de llevarlo a cabo, será mucho más fácil.

Nunca es tarde para hacerlo. Hazme caso y empieza cuanto antes.

Te darás cuenta pronto de que conseguir llevar y mantener tu contabilidad en orden está totalmente relacionado con tu bienestar. Y es que, cuando controlamos todos nuestros gastos e ingresos, solemos sentirnos mucho más tranquilos, ya que desterramos esa inquietud de no saber si llegaremos o no a final de mes. El orden es paz... y aún más, el orden es éxito.

Tener orden en la contabilidad personal o familiar nos ayudará, sin duda, a distribuir de una forma más optimizada nuestros gastos y así poder ahorrar.

Registrar todos, absolutamente todos, nuestros gastos y nuestros ingresos será una de las claves fundamentales para alcanzar nuestra independencia financiera.

Hay quien dice que lleva su contabilidad personal solo «de cabeza». Personalmente creo que, si queremos ser exactos y tener bien organizada nuestra situación económica y financiera, esto no es posible y mucho menos es recomendable para el objetivo que nos ocupa: la libertad financiera.

Hay muchos instrumentos que podemos utilizar para registrar nuestros gastos e ingresos (aplicaciones móviles, cuadernos, hojas de cálculo...). Mi consejo es que después de examinar varias de estas opciones, elijas aquella que te resulte más fácil de usar y cubra mejor tus necesidades. Una vez lo hayas elegido, úsalo.

¡Ojo! No solo hay que anotar todos los gastos e ingresos que tengamos diariamente: el aspecto más importante es la conclusión que hagamos al final (o principio) de cada mes:

— ¿Hemos tenido más de un gasto imprevisto?
— ¿Superan los gastos a los ingresos?
— ¿Hay desviaciones significativas entre los objetivos que habíamos marcado y la realidad?
— ¿Hemos conseguido el objetivo de ahorro que nos propusimos?
— ¿Qué partidas queremos modificar o ajustar para cambiar la situación del mes siguiente?
— ¿Llevamos una tendencia positiva en la evolución de nuestra situación financiera?

Llevando todas tus cuentas al día podrás ver en qué gastas exactamente tu dinero y podrás decidir qué gastos hay que priorizar, reducir o eliminar.

Al final, se trata básicamente de utilizar el sentido común, que es lo que nos aporta la contabilidad diaria. El mejor modo de controlar y ser dueños de nuestra situación financiera.

Y por último... ***un proverbio.***

7
ELABORA TU PRESUPUESTO

Es muy habitual ver en programas de televisión, informativos o divulgativos, cómo cada cierto tiempo aparece un reportaje recordando los beneficios que tiene el ir a hacer la compra con una lista ya hecha de los productos concretos que quieres comprar, y con una aproximación del presupuesto total que vas a destinar a dicha compra. Dicen «los expertos» que esto te evitará tener gastos innecesarios en las superficies comerciales.

En referencia a esto, apostaría por el hecho de que la mayoría de las personas realizan su primer presupuesto o cuenta de pérdidas y ganancias de vida en el momento en el que van a casarse, van a vivir con su pareja o esperan la llegada de su primer hijo.

Me explico: la emancipación implica para muchos realizar una cuenta propia con los gastos e ingresos que van a tener a partir de ese momento y comprobar si van a ser capaces de afrontarlo. El problema está en la falta de constancia.

La cuenta que tiene que hacer la pareja no es complicada: voy a pagar 1.000 euros de hipoteca, 300 euros en comida, 200 euros en ropa y otros 200 euros en gastos variados. De este modo, si la pareja cuenta con unos ingresos que superen de forma holgada los 1.700 euros, dirán que están preparados para dar el paso, mientras que, si no los superan, o lo superan muy levemente, estarán preocupados pensando si van a llegar a final de mes o no.

Pues bien, lo que propongo en este capítulo es proponerte que apliques la mayor virtud que, en mi opinión, puede tener un ser humano: la perspectiva.

Para ello, te propongo que realices una cuenta de pérdidas y ganancias donde anotes las principales partidas de gasto que tienes actualmente y que previsiblemente tendrás el resto de tu vida, así como la evolución de tus ingresos para cada uno de estos años.

Seguramente ya hayas hecho varias veces algún cálculo aproximado y te has parado a pensar y calcular los gastos mensuales que tienes en tu hogar. No resulta muy complicado intuir cuáles serán tus siete u ocho partidas de gasto más importantes, ni tampoco en qué etapa de tu vida se producirán.

Algunos ejemplos de partidas de gasto más comunes pueden ser:

— Pago del alquiler de tu vivienda.
— Impuestos.
— Suministros.
— Ropa.
— Transporte.
— Educación de tus hijos.
— Vacaciones.
— Ocio.

Entre los ingresos, te voy a pedir que contabilices tus ingresos activos, que equivaldrían a tus nóminas, y también tus ingresos pasivos, que ya hemos definido en qué consisten, y hasta algunos ingresos extraordinarios que, en ocasiones, tenemos a lo largo de nuestra vida, como puede ser una herencia.

Por tanto, algunos ejemplos de ingresos familiares pueden ser:

— Nómina mensual.
— Nómina extraordinaria.
— Renta o alquiler.
— Herencia.
— Otros.

Para componer esta cuenta de pérdidas y ganancias de tu vida, te propongo que, en primera instancia, en lugar de hacerla año a año, la elabores por lustros.

Después de todo esto, ya deberíamos de tener claro que el presupuesto personal no es simplemente anotar todos los gastos e ingresos que tengas, sino establecer un plan para tu dinero a futuro.

Partiendo de tu situación financiera actual, debes tener prevista cómo será esta situación en un futuro, teniendo en cuenta algunos hechos muy relevantes que seguramente ocurran, como puede ser el nacimiento de uno o varios hijos o la compra de una vivienda.

Una vez hayas realizado tu presupuesto, debes comprometerte a cumplirlo y revisarlo cada cierto tiempo, para que se ajuste a la realidad con objetivos alcanzables.

Y por último... ***toma nota.***

	2019	2020	2021	2022	2023
Ingresos Nómina 1 Nómina 2 Rentas Otros					
Gastos Alquiler vivienda Impuestos Suministros Ropa Transporte Hijos Ocio Otros					
Resultado					

8
Realiza inversiones, no gastos

Este capítulo va a tener especial importancia para todos aquellos que nunca hayan tenido el tiempo, la necesidad o la inquietud de pararse y hacer esta planificación que poco a poco vamos componiendo.

Probablemente estas personas tampoco hayan tenido la oportunidad de pararse a reflexionar o buscar información sobre la diferencia que supone en su día a día un gasto o una inversión. Pero no son los únicos, ya que parece que no hay un consenso definitivo, en el marco personal que nos ocupa, en cuanto a la diferencia entre un gasto y una inversión, por lo que voy a intentar yo plasmarte mi propia opinión al respecto.

Se podría decir que un gasto está representado por aquella parte de los ingresos que destinamos a la adquisición de bienes o servicios para satisfacer una necesidad o estilo de vida, y que por lo general no genera rentas, sino que se desprecia. Por el contrario, la inversión suele tener por objetivo la obtención de unas rentas superiores a la cantidad invertida.

Por ejemplo, en el caso de la mayoría de los españoles, la mayor inversión que realizan a lo largo de su vida es la compra de una vivienda. Y esta inversión, en muchos casos, marca el nivel de vida que consiguen llevar durante el resto de sus días. Una mala elección en dicha inversión ha significado para muchas personas el tener una hipoteca con unos intereses desmesurados y con unas obligaciones y unas cláusulas que, durante muchísimos años, les han tenido ahogados. Por mucho que algunos políticos nos digan que un piso es un gasto, os aconsejo, por vuestro bien, que lo tratéis como una inversión y no como un gasto.

Por eso, no deja de ser sorprendente que, como os contaba ya en un capítulo anterior, nos tildaran de valientes en el programa de televisión en el que participábamos haciendo inversiones cercanas a los 100.000 euros en empresas. Sin embargo, casi todo el mundo elige la mayor inversión de su vida, que suele ser una vivienda, después de un pequeño y rápido análisis que consiste en una visita con una inmobiliaria, o en aspectos económico-financieros muy poco contrastados. Sin duda, grave error.

Decimos que una vivienda es una inversión y no un gasto porque, en primer lugar, es capaz de generarte rentas (ingresos pasivos) y, en segundo lugar, porque lo más normal es que, durante el tiempo que la poseas, obtengas una revalorización.

En el sentido contrario, y por poner un ejemplo completamente radical: podemos afirmar que adquirir un vehículo familiar es, y lo será siempre, un gasto. Los coches se deprecian con el paso del tiempo, en ningún caso generan rentas, hay que invertir en su mantenimiento, y suelen suponer gastos periódicos mensuales (revisiones, impuestos y mecánica). Si el vehículo es para uso familiar y no profesional, es un gasto siempre.

He tomado como ejemplos dos partidas realmente relevantes, sobre las que todos habremos reflexionado alguna vez. Pero hay otras muchas, más pequeñas, pero que también son importantes y a tener en cuenta.

Para muchas familias, gastos como las vacaciones, la ropa, restaurantes u ocio en general representan un porcentaje demasiado relevante sobre sus ingresos que, en muchos casos, no se pueden permitir que se conviertan en partidas de cuantías tan elevadas. Pero ya hablaremos del ahorro en el próximo capítulo y de la importancia de vivir por debajo de tus posibilidades, y nunca por encima.

También podríamos hablar de otro tipo de inversiones, normalmente de menor magnitud que la de la vivienda, que podemos encontrar en el mercado, pero también en este caso prefiero que hablemos de ellas con más detenimiento más adelante.

Mi objetivo, después de que hayas leído este capítulo, es que entiendas la importancia de diferenciar si el destino de tus ingresos es un gasto o una inversión, ya que esto es fundamental para incrementar de forma consistente tu capacidad económica y no correr el riesgo de destinar la mayor parte de nuestros ingresos a partidas que no solo no nos ayudarán a mejorar nuestro patrimonio neto en el futuro, sino que pueden llevarnos a la ruina financiera.

Así que, por todo esto y para concluir lo relativo a esta clave, vamos a quedarnos con la idea de que la principal diferencia entre un gasto y una inversión es el retorno económico o la ausencia del mismo que esperamos obtener de cada uno de ellos. Tener esto muy presente nos debe acompañar en el resto de nuestro viaje.

Y por último... ***una reflexión.***

9
El ahorro: vive por debajo de tus posibilidades

Antes de empezar con este capítulo, me gustaría aclarar que esta clave está muy especialmente dirigida a las personas que no consiguen ahorrar nada de su sueldo, pero piensan que organizándose mejor sí que podrían llegar a conseguirlo.

También quiero dejar claro desde el principio que lo que no pretendo al decirte que vivas por debajo de tus posibilidades es que vivas siendo «tacaño», o que vivas sin disfrutar de la vida. No se trata de eso, se trata de que vivas con cabeza.

Desde mi punto de vista, vivir por debajo de mis posibilidades significa que el dinero que consigo ahorrar de mis ingresos me va a permitir ser mucho más feliz en el futuro que si lo destino a ciertos gastos superficiales en el momento presente.

Y es que, de cara a alcanzar la libertad financiera (que no debemos olvidar que es el objetivo que estamos persiguiendo), necesitamos conseguir ingresos pasivos. Esto es algo que lo conseguimos a través de nuestras inversiones; por ese motivo me temo que debo avisarte de que cierto esfuerzo constante sí que te va a hacer falta. Sin esfuerzo no te va a ser posible acumular las cantidades necesarias para poder ir realizando dichas inversiones. Nada se consigue sin esfuerzo.

Por eso, el ahorro en sí no significa simplemente gastar menos de lo que ingresas cada mes. El ahorro, desde el enfoque que le estamos dando, tiene un sentido más profundo, ya que, solo acumulando capital, podrás invertir. Quien no tiene liquidez o, en su defecto, capacidad de endeudamiento, no tiene capacidad de inversión.

La dimensión temporal también es valiosa. Para poder elegir si queremos jubilarnos anticipadamente es muy importante conseguir ahorrar lo máximo posible. Y lo antes posible.

Lo que hay que hacer una vez que hayamos reunido una cantidad de ahorro suficiente es dedicarla a la inversión, con el objetivo de que en un futuro nos genere beneficios en forma de intereses o rentas. Por tanto, cuanto antes empecemos a ahorrar y a invertir, mucho mejor nos irá en el futuro.

Recuerdo una frase que oí en una conferencia en la que el ponente explicaba (con bastante gracia) los beneficios que tenía seguir el siguiente mandato: «si quieres vivir cómodo, ten peor coche que tu vecino». Es una frase que parece simple, pero tiene más implicaciones de las que pueda parecer *a priori*.

Muchas veces, nos parecemos o nos queremos parecer a nuestros vecinos en el nivel de vida que llevamos, y muchas veces la gente compite por querer demostrar un estatus alto. Pero en este libro lo último que deseo es hablar de apariencias, de vanidad o de orgullo; quiero que hablemos de nosotros mismos, de nuestra propia libertad. No hay nada más valioso que la libertad.

Y es por ello por lo que si queremos ahorrar, tenemos que quitarnos de encima ciertos clichés sociales para poder alcanzar el objetivo que perseguimos.

Me gustaría que persiguieras el tener una mentalidad de millonario a través de las claves que te estoy aportando en este libro, pero no una vida de rico despilfarrador. Ten por seguro que es más importante alcanzar la libertad financiera y, con ello, esa independencia económica y control sobre tu patrimonio, que demostrar a los demás un estatus social alto.

Recuerdo un conocido que desde los 18 años tenía como filosofía de vida la famosa frase *Carpe diem:* vive y disfruta la vida sin pensar en el mañana. Pues bien, efectivamente la vida hay que vivirla y disfrutarla, y vivir cada minuto como lo que es, un regalo. Pero también deberíamos de tener presente que no estaría de más tener una filosofía similar a la de las hormigas: guardar alimento en verano para tener durante el invierno. Hoy en día este conocido necesita trabajar 12 horas diarias para poder recuperarse de aquella etapa *carpe diem*.

Volviendo al tema que nos atañe, ahorrar es una palabra que puede resultar realmente bella si se entiende el para qué. Ahorrar no es una prohibición, no es un límite, no es un «no puedo». Ahorrar puede significar perspectiva. Dentro de nuestro objetivo definido, ahorrar es una pieza imprescindible dentro del puzle, y vale mucho más, desde luego, que muchas de las cosas materiales que compramos por impulsos.

Profundizaremos en siguientes capítulos sobre las distintas formas que tenemos para lograrlo, aunque si me permites, antes de terminar con esta clave, te daré un pequeño consejo: aprovecha para empezar a ahorrar cuando tengas menos cargas familiares o personales.

Y por último... ***una reflexión.***

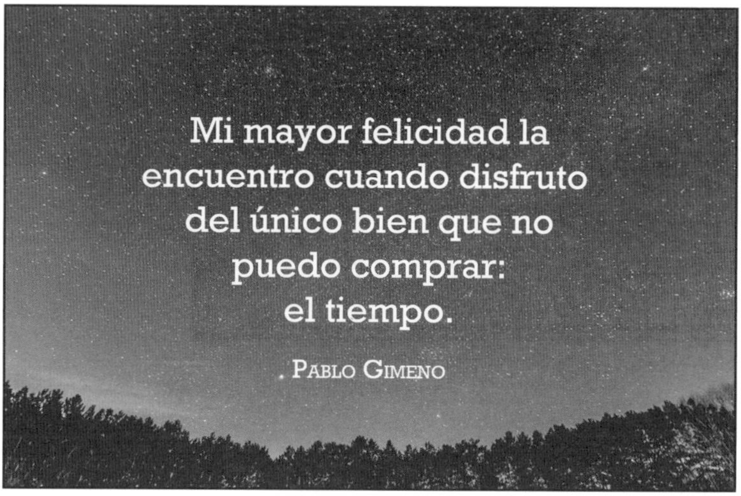

10

INCORPÓRATE PRONTO AL MERCADO LABORAL

Dice un proverbio que quien no trota de joven, tiene que galopar de mayor. Estoy muy de acuerdo, y lo que me gustaría añadir a mí es que el galopar es mejor hacerlo cuando te sobra la energía y no cuando empiezan los achaques.

En mi día a día me encuentro con muchas personas que estudian una carrera o módulo, pasan a otro, posteriormente estudian un máster, y así continúan hasta llegar a los 30 años o más teniendo dobles carreras, doctorados, etc. En teoría, hacen esto con la idea de que así conseguirán encontrar un gran trabajo.

Sin embargo, esta es una expectativa un poco alejada de la realidad en muchas ocasiones, ya que los estudios son solo una parte, y quizá no es definitiva para encontrar ese gran trabajo.

Os confesaré una valoración personal que creo que puedo hacer extensible a gran parte de los empresarios o responsables del departamento de recursos humanos encargados de seleccionar a futuros trabajadores para sus empresas: es más válida una persona con una carrera y dos años de experiencia, en el puesto que necesitas cubrir, que una persona con seis años de formación y sin experiencia.

Los años de experiencia en un puesto, sin duda, son un motivo a tener muy en cuenta por parte de las empresas.

Esto es así porque, en primer lugar, la práctica del día a día en una empresa curte mucho más que la teoría que se suministra durante el período de formación. Pero, en segundo lugar, y más importante, porque una persona que ha saltado al mercado laboral tres años antes que otra, que se ha formado de manera equivalente, ya tiene un valor comparativo del que se pueden sacar muchas conclusiones. Probablemente tenga más inquietudes, más nervio, más pasión y más ganas de meterse al barro que aquellos que alargan y alargan la búsqueda de su primer puesto de trabajo.

Si bien es cierto que para muchas personas esto les ha podido ocurrir por el paro estructural que hemos sufrido en estos últimos años, hay otras muchas que tenían en su subconsciente una ideología de vida cercana al «vive de tus padres hasta que puedas vivir de tus hijos». Alguno se habrá reído al leer esta expresión, pero lo cierto es que hay mucha gente que opina así.

Las personas que tienen más experiencia en el ámbito laboral, en igualdad de condiciones en el resto de variables, tienen sin duda más valor. Y, como de lo que estamos hablando es de crear valor, el primer consejo que te doy es que saltes al ruedo cuanto antes, que empieces a rodar, a aprender, a fracasar... Ahí empieza tu progresión laboral, que normalmente va vinculada a la remuneración que irás teniendo.

La otra ventaja que tiene el hecho de incorporarse al mercado laboral en cuanto termines tus estudios es que empezarás a conseguir ese tan deseado ahorro antes que aquellos que se resistan a trabajar. La fórmula es sencilla: cuantos más ingresos, más capacidad de ahorro.

Si queremos conseguir en 20 años lo que otros van a conseguir en 40, está claro que cuanto antes empecemos a conseguir reunir ingresos, antes llegaremos a nuestro objetivo.

Para concluir te quiero decir que, en cualquier caso, uno debe estudiar lo que le gusta, ser responsable, tomarse sus estudios en serio... Pero no hay que quedarse en esa etapa mucho tiempo. Un aspecto muy importante en tu vida profesional es aprender a resolver los problemas reales a los que se enfrentan las empresas a diario. Así que... ¿por qué esperar a aprenderlo?

Y por último... ***una reflexión.***

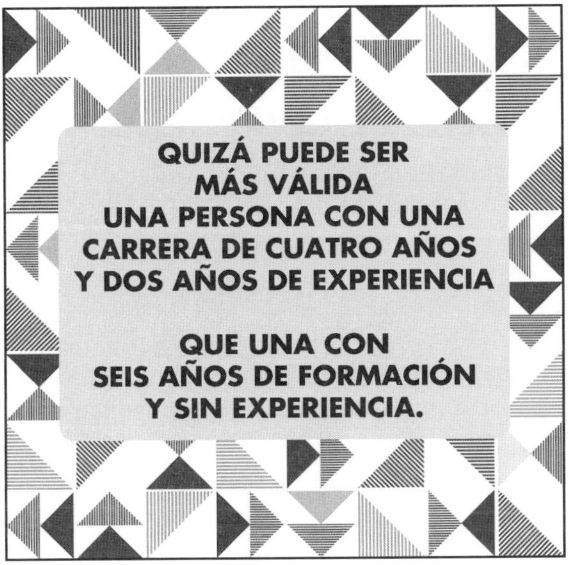

11

Endéudate con inteligencia

En algunos de los capítulos de este libro, caeremos en la tentación de no distinguir una empresa real de ti mismo. Es por eso por lo que utilizaremos comparativas que, si valen para el ámbito empresarial, también te valdrán para ti.

Volver a remitirnos a la comparativa de la persona con la empresa viene muy a cuento en esta clave. Evidentemente, es muy lógico que el hecho de que una empresa no tenga deudas será una realidad siempre mejor que la de otra empresa que esté muy endeudada. Hasta ahí creo que todos podemos estar de acuerdo.

Sin embargo, seguro que será una sorpresa para muchos de vosotros si os digo que existe un nivel de apalancamiento o de deuda para determinadas empresas que aporta más beneficio si lo tienes que si no lo tienes. Sin querer bajar mucho a la explicación teórica de por qué ocurre esto, intentaré trasladar esta idea al ejemplo de una persona. Para ello, te pondré un ejemplo práctico y a continuación intentaré explicarte la teoría.

Hay mucha gente que tiene una hipoteca hoy en día por la que pueden estar pagando unos tipos de interés cercanos al 2,2 %, y resulta lógico pensar que les urge el buscar los mecanismos necesarios para librarse de dicha hipoteca cuanto antes. En 2018, los bancos están financiando a las personas casi sin coste, podría decirse. Sin embargo, ese 2,2 % que te cobran como intereses en el banco es una cifra muy cercana a la inflación que se espera para el próximo año, por lo que todos aquellos que se apresuran a destinar la totalidad de sus ahorros para cancelar la deuda y no cancelan antes otro tipo de deudas (como puede ser la del coche que se han comprado, cuya entidad prestamista les está cobrando unos tipos cuatro o cinco veces superiores a los de la hipoteca) están incurriendo en un error.

Pongamos otro ejemplo: el de una persona con una hipoteca que no tenga otros créditos pendientes. ¿Le interesaría cancelar cuanto antes su hipoteca?

Supongamos que tiene 200.000 euros ahorrados y debe 100.000 euros al banco, por los que paga un tipo de interés del 2,2 %. En este caso, sería preferible que invirtiera esos 200.000 euros en la compra de un activo que le generase una rentabilidad superior a ese 2,2 %. Algo fácil de conseguir.

Si efectivamente esa rentabilidad no la va a conseguir de ninguna de las maneras, ni pretende invertir en nada, entonces sí que no tendría sentido seguir pagando intereses. Pero como en el mercado podemos encontrar muchos productos que sí que la ofrecen, mi consejo es que no cancele su deuda y que busque la compra de, por ejemplo, un activo inmobiliario como un local que le pueda aportar una rentabilidad cercana al 7 u 8 % por alquiler y algo más si se revaloriza cada año.

La cuenta, como imagino que todos habréis hecho, es sencilla. Al no cancelar la deuda, está obteniendo una rentabilidad relevante por el diferencial. Y esta es la fórmula de ir consiguiendo ingresos pasivos. En próximos capítulos hablaremos de cómo realizar inversiones cuando no se dispone de capital propio para invertir.

Como conclusión, después de estos ejemplos, te puedo decir que las deudas pueden llegar a ser el peor enemigo del ahorro y de la libertad financiera, pero solo en algunos casos. En el caso de que tengas deudas y no estés consiguiendo una rentabilidad con ellas, intenta eliminarlas lo antes posible. En caso de que a esa deuda le puedas sacar una rentabilidad mayor que tus costes de financiación... ya tendrás al dinero trabajando para ti.

Y por último... ***un poco de humor.***

12

JAMÁS PONGAS TECHO A TUS INGRESOS

Es algo que ha venido pasando siempre, pero a mí todavía me sigue sorprendiendo. Me refiero a algo que sucede habitualmente en las entrevistas de trabajo para puestos comerciales que llevo a cabo. En el momento de hablar de las condiciones económicas, cuando yo ofrezco una retribución en base a un fijo y un variable determinados, todos los candidatos terminan buscando un modo de conseguir subir la parte fija y bajar la variable.

No cabe duda: la gran mayoría de la gente sigue buscando la fórmula de tener algo seguro y limitado en lugar de algo que les pueda generar más ingresos con más esfuerzo.

Creo que este es un error generalizado, y digo error porque lamento comunicaros que no es posible llegar a conseguir la libertad financiera sin asumir ciertos riesgos, y que, si te comportas como la persona más prudente y conservadora de este planeta, no llegarás nunca al puerto que en este libro te estamos señalando.

Cuando me refiero con esta clave al hecho de que jamás pongas techo a tus ingresos, de lo que te quiero hablar es de la importancia de los ingresos variables. El consejo que te voy a dar aquí, y que, seguro que a muchos les resultará sorprendente, es que cuando te ofrezcan una retribución basada en una parte fija y otra variable, tú intentes proponer, en contra de la postura generalizada, que te aumenten más el variable y te bajen el fijo. Ten confianza en ti.

Soy consciente de que algo así puede asustarte, pero eso solo debería ser un susto inicial. Si estás seguro del trabajo que desempeñas y del valor que puedes aportar, sin duda va a ser una solución muy positiva para aumentar tus ingresos.

Puedo contarte mi propio ejemplo personal. Todavía recuerdo perfectamente la cara de sorpresa que puso mi jefe de entonces cuando yo, que solo tenía 22 años, le propuse que me redujera drásticamente el fijo de mi salario mensual por una subida del variable. Las razones que argumenté para aquello fueron la confianza que tenía en mí mismo, que creía en mí y que creía en la empresa para la que estaba trabajando. De hecho, sentía que yo no iba a estar motivado cada día trabajando ni dando lo mejor de mí si, con independencia de cuáles fueran mis acciones o resultados, iba a acabar cobrando lo mismo. Iba en mi carácter.

Necesitaba una motivación más fuerte: acción y reacción.

Concretamente, las condiciones que propuse fueron las siguientes: si conseguía unos altos ingresos para mi empresa, yo querría tener una remuneración directamente proporcional a ellos. Por su parte, mi jefe, con un arqueo de cejas y una indisimulada satisfacción, me previno de que, en caso de que no consiguiera tales ventas, las iba a «pasar canutas» para llegar a final de mes.

Efectivamente durante varios meses lo pasé mal. Había gente que incluso se reía de mí por la oficina, y yo mismo he de reconocer que en algunas ocasiones, dada mi juventud y las circunstancias por las que estaba pasando, me miraba al espejo y me llegué a sentir un poco tonto.

Tardé casi un año en empezar a conseguir unas ventas considerables, pero al cabo de ese tiempo mis ventas ya representaban el porcentaje más alto de todo el equipo comercial y mi sueldo en ese momento incluso sobrepasaba levemente el de algunos que tenía por encima.

Admito que esta tampoco es una propuesta que pueda ser aplicable a todas las personas que estáis leyendo este libro, pero sí pienso que puede llegar a aplicarse a la mayoría y, sobre todo, a todas aquellas que estén dispuestas a trabajar duro, con esfuerzo y creyendo en sí mismas.

Una de las principales lecciones que he aprendido a lo largo de mi experiencia laboral es que si siembras, siembras y siembras, y luego vuelves a sembrar, lo normal es que alguna planta acabe floreciendo y puedas recoger sus frutos.

Por eso, quiero concluir invitándoos a que procuréis no poner techo a vuestros ingresos dentro de una empresa, y que apostéis si podéis por una fórmula que haga prevalecer los ingresos variables. Seguro que muchos de vosotros estáis pensando que esto solo será posible si se trabaja en un departamento comercial, pero no es verdad: yo creo que todas las personas que trabajan en una empresa deberían de tener variables vinculadas a sus resultados, desde el recepcionista de la puerta hasta el más alto de los directivos.

Si tu empresa todavía no se ha dado cuenta de esto, haz tú que se dé cuenta. Estoy convencido de que no se lo van a tomar mal ni verán con malos ojos tus aportaciones, y al final verás cómo tu ingenio y tu garra despiertan mucha más motivación en ti.

Y por último... ***¡No te lo pierdas!***

13
Tu valor

¿Hay algo más bonito que el amor? Seguro que, si has estado enamorado alguna vez, me dirás que no. Pues bien, igual que una pareja de novios permanece unida solo si ambos se quieren, en una empresa ocurre lo mismo: empresa y trabajador mantendrán su relación solo si ambas partes así lo desean. A la empresa, a la que podríamos considerar como tu pareja «laboralmente», le tendrás que dedicar tu esfuerzo, tu concentración, tu tiempo, tu experiencia, tus conocimientos. Y la empresa, por su parte, tendrá que buscar las fórmulas para mantenerte a su lado si lo que le estás proporcionando le satisface.

Tranquilo, tampoco te va a mandar flores a casa ni te dará besos; la principal manera que tiene de retenerte es remunerarte por una cuantía proporcional al valor que generas, al valor que hay en ti; proporcional a la pasión que has mostrado, proporcional a tus madrugones, a tu liderazgo, a tu compromiso con la compañía...

Te decía en la clave anterior que debes estar convencido del trabajo que desempeñas y del valor que aportas porque se te pagará en función del mismo. Es el momento de profundizar en esta cuestión porque resulta algo esencial en todo este recorrido que estamos emprendiendo.

Debes confiar en tu valor, en ti mismo y demostrarlo.

Lo que intento explicarte, incluso empleando para ello metáforas románticas, es que debes ser siempre realista, pero también ambicioso en la demostración que le haces a la empresa, no solo del valor presente que le estás aportando, sino también del valor que le puedes aportar en un futuro.

Pero no tengas prisa ni te desesperes, porque a veces los reconocimientos en una empresa tardan en llegar. De hecho, a menudo parece que no se perciben tus buenas acciones, pero muy mal tiene que estar organizada la empresa para que los máximos responsables no se percaten de quiénes son las personas que más valor aportan. Hay personas que navegan más rápido y deben ganar más. Te proponemos que seas una de ellas para poder ahorrar e invertir en la libertad financiera que buscamos.

En este sentido, el valor que se aporta, y no la antigüedad, es lo diferenciador. No debería ser relevante para «los jefes» el reconocerte tus méritos, aunque hayas entrado más tarde que otros, o si en el organigrama ocupas un puesto más bajo. Voy a intentar explicarte esto con un ejemplo muy ilustrativo.

Conozco el caso de una persona cercana a mí que entró en una empresa como director general de la misma con 40 años y se jubiló 25 años después, a los 65. En la empresa trabajaban casi 300 personas, y el día de su jubilación todo el mundo esperaba que le cediera el testigo como nuevo director a quien durante décadas había sido el subdirector de la misma. Fue una enorme sorpresa para todos enterarse de que el cargo de nuevo director lo asumiría uno de los trabajadores que muchos años atrás había empezado por lo más bajo del organigrama (concretamente empezó siendo el botones de la empresa).

Creo, por lo que sé, que esta no puede considerarse una adjudicación «a dedo»: fue una adjudicación completamente merecida, porque esta persona, pese a empezar sin conocimientos y desde lo más bajo, fue capaz de aportar su mejor versión en cada uno de los puestos en los que fue ascendiendo, y ello supuso un gran valor para la empresa. Su liderazgo y su capacidad para aportar resultados positivos a la empresa fueron decisivos a la hora de determinar cuál iba a ser la persona idónea que debía dirigir a partir de ese momento la empresa.

Lo que pretendo transmitirte con este caso real que te cuento es que tu futuro laboral está en tus propias manos, no en las de la empresa ni en las de nadie.

Por eso mi consejo es que seas inconformista, que te reinventes como un nuevo tipo de profesional en la empresa en la que estés, desarrollando nuevas competencias y habilidades, tratando de ser más «intraemprendedor», y creando valor añadido gracias a tu valentía y tu actitud. De este modo conseguirás diferenciarte del resto y destacar por tu valor.

Para saber si estás aportando el valor que pretendes aportar, plantéate la siguiente reflexión: si fueras una empresa, ¿invertirías en alguien como tú? Es importante que puedas contestar de forma afirmativa y muy sincera a esta cuestión. Pero para ello tienes que demostrar resultados y, como ya te he ido destacando en anteriores capítulos, asumir riesgos. Un trabajador con éxito destacará por su actitud diaria, por su entusiasmo y por sus ganas de aprender.

Aprende a hacer visibles tus logros. Esto no quiere decir que te coloques medallas que no te corresponden, sino que hagas marketing de ti mismo, que hagas promoción de aquellos logros que has conseguido y de tus aportaciones, pero sobre todo de tu autoconfianza. Demuestra que tienes claro lo que buscas y donde quieres llegar.

Espero que después de todo esto que os estoy contando, ya no os avergüence ni os asuste a ninguno demostrar vuestro talento y vuestros logros: tienes un valor potencial muy alto y tienes la necesidad de demostrarlo.

Y por último... ***una reflexión.***

> Tu actitud es clave:
> Sé **inconformista,**
> **reinvéntate,**
> sé **valiente**
> y tu valor aumentará como el de unas buenas acciones en Bolsa.
>
> PABLO GIMENO

14
El juego del dinero

¿No te has ido a dormir nunca teniendo esa sensación de que tu dinero no está siendo aprovechado? En este sentido, voy a contarte algo que me sucedió poco tiempo antes de ponerme a escribir estas páginas.

Durante una comida de negocios, un inversor en el que confío hacía una comparativa hablando de inversiones, y me comentaba que invertir era algo parecido a «jugar con el dinero». Me decía que con el dinero había que jugar, que había que moverlo. Y aunque, sinceramente, los ejemplos que me ponía en ese momento no creo que fuesen muy acertados, sí pienso que iba muy bien direccionado en el fondo de la idea a la que se estaba refiriendo.

El agua estancada se pudre. Esto es lo que ocurre con nuestro dinero si lo tenemos sin producir absolutamente nada.

Tener el dinero en una cuenta corriente en el banco, guardado en una hucha o debajo del colchón es tener el dinero improductivo. Debemos tener claro que, decidamos lo que decidamos hacer con él en última instancia, tener ese dinero parado no nos está generando ningún tipo de rentabilidad.

No nos conviene dejar parado el dinero, sino invertirlo de manera sensata y razonable en activos diversificados que ofrezcan algún retorno a nuestro capital. Nuestro reto está en desprendernos de ese miedo innato que todos tenemos a arriesgar y poder perder.

Nadie sabe más de jugar que un niño. Un niño no juega con quien teme o con quien le resulta demasiado serio y aburrido. Por eso, debes perder un poco el respeto y el miedo al dinero para jugar con él. No te va a quedar otro remedio si lo que quieres es encontrar la libertad financiera y estar en disposición de poder jubilarte mucho antes que los demás.

Ya sé que quizá suene un poco frívola la expresión de «jugar con el dinero», pero el dinero, pese a ser la herramienta fundamental para conseguir esa independencia que buscamos, no es más que eso, solo dinero. El dinero cambia de manos, a veces lo tenemos más cerca y otras más lejos, pero insisto en la idea de su materialidad: no es un fin, es un medio.

Por todo esto, creo que no está de más que encuentres el punto exacto para mirar el dinero a la vez con cierto respeto y con cierta indiferencia.

Y es que, como estás comprobando, ahorrar no es suficiente para alcanzar la libertad financiera. Atrás quedaron, y creo que no volverán nunca, aquellos años en los que los bancos ofrecían intereses superiores al 10 % prácticamente sin riesgo. Hoy por hoy, son los bancos los que, por lo menos durante una temporada, vagamente rentabilizarán tu capacidad de ahorro, mientras que el ahorrador conservador tiene mucho más complicado buscar fuentes de ingresos con riesgo muy reducido o nulo.

Fíjate que te he venido diciendo desde varias claves más atrás que había que cuidar y mimar los ahorros que tenemos, y esto es sin duda una realidad: si el dinero no se cuida, se esfuma. Pero hay que dar un paso más allá. Tu dinero necesita crecer y multiplicarse, porque si no lo inviertes, el efecto negativo de la inflación hará que cada año que pase valga menos.

Como no hay ninguna inversión completamente segura, la valentía es un valor del que vas a tener que hacer gala si quieres conseguir los objetivos que planteamos en este libro. Te podrás decantar por un tipo u otro de inversiones, ahí ya dependerá del tipo de inversor que seas. Enseguida, en los próximos capítulos, vamos a hablar de inversión más en profundidad.

Pero aquí y ahora, señores y señoras, hago un anuncio solemne: hay que salir, hay que sacar a pasear nuestro dinero, hay que saber que en alguna inversión ganaremos y en otras perderemos..., pero hay que hacerlas. No aprenderás a esquiar si no estás dispuesto a caerte unas cuantas veces.

Desgraciadamente, habrá mucha gente que no consiga llegar al gran objetivo que estamos persiguiendo en este libro simplemente por el miedo a perder. Como decía alguien a quien admiro profundamente: «en esta vida hay quien juega para ganar y hay quien juega para evitar perder». Solo te queda decidir quién quieres ser tú.

Y por último… ***una reflexión.***

15

¿Dónde invertir?

Después de lo que acabo de decir, lo normal es que muchos os estéis preguntando ahora qué opciones tenéis para invertir y empezar a jugar con vuestro dinero. Y no sois los únicos, ya que este es uno de los temas que más me piden que analice en diferentes medios de comunicación y en escuelas de negocio.

Actualmente existen en el mercado cuatro opciones que aglutinan más del 90 % de las inversiones que se realizan en nuestro país por particulares. Voy a hacerte un rápido comparativo de estas cuatro opciones de inversión más populares, con las características positivas y negativas de cada una.

De las cuatro opciones, empezaremos por la más segura y más habitual: los depósitos bancarios. Hoy esta opción apenas te permite obtener rentabilidad. Quizá puedas obtener seguridad y disponibilidad, pero en ningún caso una rentabilidad suficiente como para lograr el objetivo que perseguimos.

La segunda de las opciones más habituales es la de invertir en el sector inmobiliario, concretamente en la compra de una vivienda. Invirtiendo en esta opción tienes mayores posibilidades de conseguir una rentabilidad alta pero, por contra, te exige disponer de una cuantía de capital significativa para poder llevarla a cabo. Además, tiene el inconveniente de que en caso de que necesites el capital invertido, la disponibilidad de este, como todos sabéis, no es de un día para otro. En cualquier caso, bien elegida, siempre defenderemos que la inversión inmobiliaria es una buena fórmula para obtener ingresos pasivos.

La tercera opción más habitual es la Bolsa. Si elegimos esta opción, estamos dando un salto cuantitativo relevante en cuanto al riesgo que se puede asumir. La globalidad que existe en el mundo en el día de hoy hace que vivamos una volatilidad en los mercados muy relevante, y no solo eso, también cada vez más creciente. Es por ello por lo que, aunque con esta opción en teoría tendríamos una disponibilidad elevada en caso de necesidad, es difícil saber o prever qué evolución van a tener tus ahorros en un mercado como este.

La cuarta opción más habitual es la de emprender o invertir en una **pyme.** Hoy en día, en España parece que se han alineado los astros para que esta se haya convertido en una opción a la que cada vez más personas recurren, superando cada año los índices de los anteriores. Las razones por las que mucha gente se ha aventurado a emprender últimamente son en buena medida las que afectan negativamente a las opciones anteriores: el paro estructural que ha azotado nuestro país, la escasa rentabilidad que ofrecen los bancos, la burbuja de precios que ha sufrido el sector inmobiliario o la volatilidad en bolsa que acabamos de comentar.

El ahorrador conservador en la actualidad ha dado un salto y ha empezado a poner el ojo en pequeñas empresas que pueden ser una gran opción como inversión. Hace no muchos años esta posibilidad no era contemplada prácticamente por nadie, pero hoy en día es una realidad cada vez más habitual y abierta a más pequeños inversores que apuestan por una opción de inversión alternativa.

Remarcamos la importancia de que, igual que te asesoras a la hora de elegir tu plan de pensiones, o en la compra de tu vivienda, o para invertir cantidades significativas en Bolsa, igual deberías asesorarte para saber en qué empresa estás metiendo tu dinero y cuál es el valor real de dicha empresa. Considero que este asesoramiento es fundamental si quieres realizar una inversión rentable, y es algo que, en caso de que tú mismo no cuentes con los conocimientos necesarios en este campo, lo puedes conseguir acudiendo a un experto adecuado.

Y por último... ***toma nota.***

16

¿Invertir en empresas?

Merece la pena insistir en la última de las opciones que te planteaba en el capítulo anterior, y que al fin y al cabo es, puedo decirlo así, «lo mío»: invertir en empresas. Eso sí, voy a intentar dejar a un lado la pasión que me supone hablar sobre todo lo referente a realizar una inversión en empresas, y prometo intentar hablaros con la máxima objetividad posible en los temas que a continuación voy a ir detallando.

En España, el sector empresarial está teniendo un resurgimiento importante. Los analistas ya dicen que en el año 2018 estamos creciendo casi a un ritmo del 3 % y que es, sin duda, un momento óptimo para entrar a participar en el accionariado de algunas empresas que dispongan de un buen equipo y un alto potencial de crecimiento.

Existe una creencia generalizada todavía en nuestro país de que invertir en empresas no cotizadas no está al alcance de cualquier persona, y que tienes que ser prácticamente millonario para poder invertir en ellas. Este es un punto que tengo que aclarar con frecuencia en numerosas entrevistas que me hacen en distintos medios.

Por suerte, parece que en los últimos años está llegando a España la cultura emprendedora de Estados Unidos, y la gente está empezando a entender que con 50.000 o 100.000 euros se puede ser socio de una empresa. La gran ventaja que tenemos hoy en día es que hay muchos más canales de información con Internet, las aceleradoras, los clubes de inversión, etc., a través de los cuales uno puede informarse y buscar un proyecto empresarial de un sector que domine para hacer su apuesta y esperar obtener una rentabilidad vía dividendos o vía revalorización de la citada empresa.

Es decir, este tipo de inversión está mucho más al alcance de uno de lo que la gente imagina. Ha aumentado mucho el número de personas que tocan la puerta de nuestro grupo empresarial porque tienen 100.000 euros ahorrados y no los quieren tener ni en el banco ni en Bolsa. Invertir en una empresa no cotizada está al alcance de pequeños ahorradores y se puede hacer de manera segura y rentable.

Supongamos que una pequeña empresa valorada en 500.000 euros te cediera un 20 % de sus acciones a cambio de invertir 100.000. Si la selección de la empresa que has hecho es buena, cabe la posibilidad de que el valor del precio de venta de esta, tan solo un par de años después, sea el doble. Eso significaría para ti una rentabilidad del 100 %. Por supuesto, esta rentabilidad no está asegurada y bien claro está que pueden darse otros escenarios, pero ninguno en el que pudieras conseguir unas expectativas tan optimistas, y desde luego no manteniendo tu dinero en un depósito estándar en el banco, ni tampoco invirtiendo en bienes inmuebles, y dudo mucho que pudieras conseguir esto eligiendo un valor de Bolsa, por mucha suerte que tuvieras.

Estamos en el momento adecuado. No puedo dejar de apuntalar que, en mi experiencia, no me he encontrado nunca con una situación mejor que la de ahora, con tantas oportunidades para invertir en compañías interesantes de mediano o pequeño tamaño.

Además, te diré que, personalmente, pienso que una empresa es el espacio más emocionante que existe en el mundo para poder vivir con intensidad todos los sueños profesionales que alguien se pueda plantear, de manera que, ¿por qué no ha de ser también la opción más emocionante para invertir?

Y por último... ***inspírate.***

17
DEFINE TU PERFIL INVERSOR

Voy a citar a un escritor muy particular como Chuck Palahniuk, pues creo que da en la diana con la siguiente frase:

> «Nunca sabes cuán fuerte eres hasta que ser fuerte es la única elección que tienes. Y cuando esto sucede, eres intocable».

La razón por la que empiezo con una cita como esta es por el hecho de que creo que antes de ponernos a analizar las características de las empresas o empresarios en los que queremos invertir, aún es mucho más importante conocernos a nosotros mismos. Para ello vamos a intentar realizar un análisis de los principales rasgos que puede tener un inversor.

No todos los inversores somos iguales y no todos buscamos lo mismo cuando proyectamos una inversión. Nuestras características personales y profesionales son las que han de marcar y arrojar la suficiente luz que necesitamos para iluminar y saber el tipo de inversión que debemos realizar.

La primera diferenciación, y quizá la más habitual que suele hacer un inversor, es la de saber si con su participación pretende obtener un rol en la empresa que sea más cercano a un socio estratégico o a un simple inversor capitalista. La diferencia entre una y otra puede radicar tanto en las intenciones de uno mismo como en la capacidad que uno tenga de aportar valor y mejoras a la actividad normal de la empresa.

Serás un inversor capitalista cuando al adquirir participaciones, por ejemplo, de una bodega, solo aportes la cantidad necesaria para convertirte en titular de dicho paquete accionarial. Sin embargo, serás un socio estratégico cuando además de lo anterior estés en disposición de aportar, por ejemplo, descuentos en la compra de materia prima, o contactar con nuevos canales de distribución que permitan aumentar las ventas anuales de botellas de la empresa.

Otra gran concreción que tendrás que llevar a cabo será establecer el nivel de riesgo y rentabilidad que estás en disposición de asumir con tu inversión. Con gran probabilidad, si realizas una inversión en una empresa de reciente creación volcada en el sector de las nuevas tecnologías, la cual todavía se encuentra con altas posibilidades de no sobrevivir en el medio plazo (aunque por el contrario puede ofrecer una altísima rentabilidad por su innovación o tecnología puntera), el propio ecosistema te denominará como un *business angel*. Este tipo de inversor normalmente tiene la estrategia de invertir en varios proyectos al ser muy consciente de que muy pocos sobrevivirán. El objetivo para que esta opción sea rentable solo puede ser el de obtener mayor rentabilidad en los proyectos que sobrevivan que la suma invertida en los proyectos que fracasen.

Por lo general, estamos hablando de inversores que ejercerán el papel de socios minoritarios en aquella compañía en la que desembarquen. Sin embargo, cabe destacar que son muchas las personas y empresas que invierten con nosotros a través de PGS Inversores y en cuyo mandato de compra viene predefinida la condición indispensable de disponer de la mayoría accionarial de la empresa. Esta es, por tanto, otra diferenciación clave, pues el poder decisorio que tendrás en la compañía será por completo distinto en caso de ser un socio mayoritario.

En ningún caso te conviene hacer trampas en un solitario. Por eso también deberás ser sincero contigo mismo respecto a si eres un socio con o sin experiencia en la realización de operaciones de inversión en empresas. Entrar a participar en el capital de una empresa por primera vez sin conocer a fondo tus derechos, obligaciones, trámites, documentación o vicisitudes que te esperan como accionista de la compañía es como intentar descender una gran montaña esquiando sin disponer de un monitor que pueda orientarte. Las probabilidades de tener un disgusto quizá se conviertan en demasiado altas.

Aunque pueda parecer una diferencia menor, también es relevante si el perfil como inversor que va a depositar dinero en otras compañías es el de un particular o el de otra empresa. La principal diferencia entre un tipo de inversor u otro es su capacidad financiera y de información o conocimientos. Dependiendo de qué tipo de inversor seas en este sentido, te afectarán, de una forma u otra, aspectos fundamentales tales como la fiscalidad, la capacidad de selección, u otros (en los que nos detendremos más adelante).

Como última cuestión, para poder mirarte a un espejo y analizar cada uno de los detalles que te definen como inversor en empresas es importante definir con precisión si lo que pretendes es crear sinergias con las actividades profesionales que actualmente tienes o, por el contrario, lo que persigues con tu apuesta es el hecho de diversificar hacia otros sectores ajenos a tu día a día (buscando algún objetivo distinto como pueda ser el de reducir riesgos).

En definitiva, como ya hemos intentado aclarar durante este capítulo, a la hora de invertir no es lo mismo tener un perfil muy conservador, moderado o agresivo: cada inversor tiene una tolerancia y capacidad distinta a la hora de asumir riesgos en el ámbito de la inversión.

Concluyo remarcando que la definición de cada uno de estos rasgos determinará en muchos casos el tipo de inversión que debes hacer. Equivocarte al hacer un autorretrato sobre tu perfil sin duda multiplicará las opciones de fracaso, y por tanto las posibilidades de que tu inversión no haya sido la correcta.

Y por último... ***una reflexión.***

> CADA PERSONA TIENE UNA TOLERANCIA Y UNA CAPACIDAD DISTINTA A LA HORA DE ASUMIR RIESGOS EN EL ÁMBITO DE LA INVERSIÓN.
>
> PABLO GIMENO

18
Encuentra la empresa perfecta para invertir

Debido a que la velocidad de la luz es varias veces superior a la del sonido, algunas personas pueden parecernos brillantes antes de poder escuchar la cantidad de tonterías que dicen.

Plasmo esta categórica afirmación al comienzo del capítulo porque, si ya es importante no fiarse de las primeras impresiones para según qué cosas, muchísimo más relevante lo es a la hora de hacer una inversión económica en una empresa.

Como todos sabemos, las empresas están compuestas por personas, y son ellas las responsables de forjarnos una idea sobre el futuro que tiene su proyecto empresarial. Por supuesto, dependerá asimismo de otros muchos datos objetivos que deben ser analizados, pero también dependerá de nuestras sensaciones, de nuestra intuición o del *feeling* que obtengamos con los interlocutores que estemos tratando.

Por todo ello, lo que os voy a decir en este apartado es algo tan lógico, pero no por ello menos importante, como que debes comparar antes de elegir. La recomendación fundamental que quiero hacer desde aquí es la de meditar muy bien lo que estamos haciendo antes de dar este paso definitivo, que no es otro que dar el «sí quiero» como inversor a nuestros nuevos socios.

Para saber si el proyecto empresarial que tenemos delante es el óptimo, es necesario poder comparar con otras empresas. Estarás de acuerdo en que no se puede realizar una comparación entre dos elementos cuando solo se dispone de uno, por lo que me propongo desgranar por orden de importancia las distintas posibilidades de que dispones para buscar distintos proyectos, y así elegir el que mejor se adecue a tus intereses.

La primera recomendación que te hago si vives en España es no empezar a buscar proyectos en Australia. La cercanía geográfica no es una característica indispensable, pero, sin duda, ayuda. Te aconsejo el simple hecho de abrir los ojos y mirar a tu alrededor. La estadística me confirma, aún sin conocerte, que muy cerca tienes a un primo, cuñado, vecino, hermano, compañero de máster o pareja de pádel que dispone de un pequeño o mediano negocio del que es propietario en mayor o menor medida, o es el director del mismo.

Existe el mito de que hacer negocios con conocidos es algo de lo que se debe huir; evidentemente cada uno es libre de pensar lo que considere, pero mi opinión es que eso no es más que una solemne tontería. Cualquier encuentro informal como una boda, una cena con amigos o una reunión en el colegio de tu hijo, puede ser un buen momento para que «surja el amor».

Este amor entre empresario e inversor es probable que no surja si uno de los dos no dispone de una actitud curiosa o interesada por saber del otro. Si tu perfil es el del inversor, te invito a que recapacites sobre el perfil profesional de todas las personas que tienes a tu alrededor, selecciones a aquellas que pueden ser de ayuda para remitirte o presentarte a la empresa adecuada, y después te muestres dispuesto a dedicar algo de tiempo tanto a formular las preguntas adecuadas como a presentar de manera inteligente cuáles son tus intenciones.

La segunda recomendación que te hago sería la de realizar este mismo análisis en tu entorno profesional. Todas las empresas con las que trabajas en tu día a día tienen unos propietarios llamados accionistas cuyos intereses no distan mucho de los tuyos: disponen de acciones que les acreditan como propietarios y, por lo general, si son inteligentes estarán dispuestos a escuchar ofertas, o al menos a analizar el valor que tu entrada en la compañía les podría aportar.

La tercera opción que te planteo sería la de intentar acudir a personas u organizaciones que se encuentren en constante contacto con proyectos empresariales en busca de inversión privada. Sin ir más lejos, la red de inversores privados que dirigimos desde el Grupo PGS suele ser un punto de encuentro habitual para que inversores y empresas en esta situación puedan conocerse y presentar sus credenciales con el fin de intentar formalizar una operación que aporte valor a ambas partes. Como nuestra red de inversores, seguro que hay otras relativamente cerca de la ciudad donde vives.

Y si no, ¿sabes qué? Escríbeme a pablogimeno@grupopgs.es y yo te presento opciones dónde invertir.

El funcionamiento que tienen estas redes de inversión es muy diverso, pero la opción más habitual suele ser la de disponer de una serie de servicios a fin de presentarte proyectos empresariales en los que puedas invertir a cambio de una cuota económica, fija o variable. La presentación de estos proyectos variará de manera sustancial según el sistema organizativo de cada red de inversores. En algunos casos, se realizan encuentros donde los propios empresarios pueden hacer una exposición más o menos detallada de las características fundamentales del proyecto, así como de las condiciones hipotéticas que tendría un potencial inversor que decidiera apostar por su compañía.

Una segunda fórmula también muy utilizada por estas organizaciones es la de enviar a los inversores que forman parte de su base de datos proyectos que puedan encajarles con el perfil de que disponen. Este tipo de envíos se puede hacer mediante perfiles ciegos (información de empresas sin especificar su identidad exacta) o, por el contrario, pueden hacerte llegar proyectos en los que se detallan datos relevantes de sus cuentas, la marca e incluso el nombre y apellidos de sus promotores.

Por otro lado, las nuevas tecnologías han permitido la creación de nuevas redes de inversores con un perfil totalmente virtual. De esta manera, ya no son las propias redes quienes ejercen una labor activa de envío de información a sus inversores, sino que son ellos quienes entran en sus plataformas digitales para ojear y consultar los proyectos que tienen en su escaparate.

A medida que vamos concretando fórmulas para encontrar proyectos empresariales en los que invertir y las vamos haciendo cada vez más específicas, debemos entender que estas tendrán lógica o no dependiendo del perfil del inversor del que estemos hablando. Para un *business angel* u otro tipo de inversores cuyos rasgos les permitan invertir en proyectos más escalables, normalmente de base tecnológica, en fase temprana y/o con elevado nivel de riesgo, procederemos a recomendar como punto interesante de búsqueda las distintas aceleradoras o viveros de empresa que hoy existen en la gran mayoría de provincias de nuestro país.

Las aceleradoras son, por lo general, un tipo de organización o empresa que aportan a sus «acelerados» el conocimiento necesario para poder crecer lo más rápido posible en su vida empresarial. Es muy habitual que estas aceleradoras dispongan de proyectos que además de conocimiento para conseguir más velocidad, también estén necesitados de capital para poder seguir avanzando. De hecho, esa búsqueda de capital es parte de la ayuda que les dan.

Otro espacio del que seguro habrás oído hablar son las conocidas incubadoras o viveros de empresas. El rasgo diferencial de estas radica en que ofrecen a sus empresas asociadas un espacio físico desde el que trabajar, además de otros mecanismos de ayuda para favorecer su crecimiento.

Mi recomendación en caso de acudir a las fuentes citadas es la de realizar un análisis frío e independiente de la valía de los proyectos que están bajo su paraguas. El objetivo es evitar que los intereses que persiguen no sean solo los que tú pretendes, pudiendo estar compartidos con los de quienes bajo su tutela buscan inversión.

En España existen dos tipos de asociaciones empresariales, definidas por criterios sectoriales o geográficos. Las primeras, por lo general, cobijan y organizan a empresas que pertenecen a un mismo gremio, podríamos hablar por ejemplo de una asociación empresarial de hostelería o de la metalurgia. Por otro lado, también existen asociaciones empresariales que albergan a empresas de distintos sectores teniendo como único límite el de la geografía a la que representan. De esta manera, podríamos hablar de empresarios y comerciantes de Toledo o incluso de un municipio con menor población.

Pues bien, aunque no es habitual que estas asociaciones se dediquen a poner en contacto a empresas e inversores, quiero revelarte el hecho de que estas organizaciones pueden llegar a ser una puerta interesante a la que llamar con el objetivo de obtener proyectos empresariales para tu comparativa de inversión.

Estas asociaciones suelen estar compuestas por una junta directiva formada por las figuras del presidente, vicepresidente, tesorero y otros vocales. En algunos casos, también suelen contar con un secretario general o gerente con el que no suele ser complicado contactar. Por medio de esta persona no es difícil conseguir contactos interesantes de empresas en las que poder hacer una inversión como la que estamos buscando.

Y como última fuente, pero no por ello menos importante, vamos a la que en mi opinión es una gran herramienta para divisar proyectos dignos de inversión. Me estoy refiriendo a las escuelas de negocio y universidades, puesto que son espacios en los que surgen ideas y donde brotan semillas que acaban convirtiéndose en rentables empresas.

Lamento confirmaros que el panorama de estas instituciones varía mucho en cuanto a su calidad. Ahora bien, existen algunas escuelas de negocio, y lo digo con conocimiento de primera mano porque he trabajado con ellas, donde de manera profesional dan un muy buen servicio de asesoramiento para empresarios, emprendedores e incluso para nosotros los inversores, facilitando de manera sustancial el poder hacer una inversión económica en una empresa de forma segura y rentable.

La principal diferencia que existe entre los proyectos empresariales que podemos encontrar en escuelas de negocio y universidades radica en que las primeras disponen de una cartera de proyectos o empresas que no suelen encontrarse en una fase tan inicial como las que habitualmente podemos encontrar en las universidades. Por regla general, la edad media de la comunidad de personas que conviven en una escuela de negocio suma diez o quince años más que la de los universitarios, de ahí que también podamos encontrar diferencias sustanciales en los perfiles de los gestores de unos proyectos u otros.

Pese al recorrido que hemos hecho por los distintos espacios, o las distintas fórmulas para dar con ese elenco de proyectos para nuestro análisis, creo que es importante remarcar también que no existe una «fuente perfecta» para ningún inversor, ya que esta lo será o dejará de serlo dependiendo del tipo de agua que quiera o necesite beber.

Y por último... ***inspírate.***

19
El proceso de negociación

«Para los chinos la verdadera negociación comienza cuando para los occidentales ha terminado».

Para hacer un buen negocio en la vida, tan importante es conseguir una venta a buen precio como haber sabido realizar una compra gracias a una buena negociación. Inicio este capítulo con un proverbio que apunta, desde las diferencias culturales entre chinos y occidentales en el campo de los negocios, a la importancia que tiene saber jugar las cartas de forma adecuada y en el momento preciso durante un proceso de negociación.

Precipitarse es un error, pero tardar demasiado también lo es. Como en otros muchos aspectos de la vida, en el punto medio está la virtud.

El objetivo que me marco en este capítulo es compartir contigo algunas premisas relativas al proceso de negociación que en mi opinión deben cumplirse necesariamente para poder llevar a buen puerto la compra de acciones que significará que has invertido en una empresa.

Es muy importante entender que cuando te encuentras inmerso en un proceso para evaluar la compra de acciones de una empresa, el precio al que lo hagas no será el único factor que determine tu éxito o fracaso en la negociación. En un pacto de socios existen multitud de cláusulas que pueden coartar tus derechos por aumentar tus obligaciones hasta el punto de convertir en una mala compra lo que en apariencia pudiera parecer una gran transacción.

Por lo que te acabo de contar es por lo que afirmo que el proceso de negociación no abarca solo el acuerdo de la compra de un porcentaje a una determinada valoración. Me parece importante enfatizar esta idea antes de continuar con el resto de las claves porque creo que es importante tener en cuenta que el marco de negociación es mucho más amplio de lo que en apariencia puede parecer.

Dicho esto, la primera regla, y quizá la más importante, para iniciar este proceso, consiste en que como comprador o inversor dispongas de toda la información necesaria para poder negociar con criterio. Tu primera negociación debe ser la de conseguir que los vendedores estén dispuestos a facilitarte todos y cada uno de los detalles que pudieran tener relevancia en el estado y el rumbo de la empresa. Ten en cuenta que esta información que debes analizar no siempre aparece recogida en los documentos que se facilitan a un inversor.

Diferenciar conceptos como el memorando de información, la *due diligence,* los estados financieros, u otra documentación habitual, es más relevante. Por supuesto que deben recoger aspectos reales y objetivos que, de alguna manera, reflejarán el pasado, presente y futuro de la empresa, pero dependerá de tu habilidad como comprador que consigas interpretarla correctamente y obtener información de otra índole que también es muy valiosa como pudiera ser, por ejemplo, la relación o sintonía entre los trabajadores que componen el equipo de trabajo. Algo más difícil de plasmar en un papel.

En las empresas, en muchas ocasiones ocurre que, pese a pertenecer a un sector en auge y de disponer en un momento dado de resultados contables positivos, el futuro que se avecina es inversamente proporcional al de las previsiones que se han proyectado. Pondré un ejemplo muy sencillo, como es la compra de un activo inmobiliario, que ayudará a entender bien lo que quiero expresar.

Para muchos españoles, la compra de su vivienda habitual se puede considerar la inversión más importante que hacen en toda su vida. Sería sensato por tanto pensar que, en el caso de decidirse a adquirir un piso, esta decisión no esté tomada solo por las sensaciones obtenidas en las dos o tres visitas que hayan realizado al inmueble y en el hecho de que su cuenta bancaria refleje la capacidad financiera para adquirirlo.

Lo verdaderamente razonable sería pensar que una persona, antes de realizar una compra de tantos cientos de miles de euros, no solo se haya fiado de sus gustos, sino que además haya dispuesto de una comparativa de precios de pisos similares, se haya tomado la molestia de conversar con algunos vecinos del inmueble, haya pedido informes sobre si el piso está libre de cargas o haya investigado sobre futuros proyectos de construcción que puedan producirse en el entorno a corto plazo. Sin embargo, esto no suele ser así. Más del 80 % de los españoles realiza la inversión más importante de su vida sin disponer de la información necesaria para realizar un análisis lo suficientemente completo y sensato como para tomar una decisión de manera razonable y argumentada.

Podríamos pensar que esta circunstancia únicamente le ocurre a muchos de los ciudadanos que deciden comprarse un piso, pero lo sorprendente es observar cómo en el sector de la inversión empresarial también es demasiado frecuente el hecho de que muchos inversores tomen la decisión de entrar a participar en una empresa sin disponer de todos los datos relevantes que debieran tener.

Por eso, en este período de adquisición de información es realmente importante actuar con prudencia y no desvelar tus cartas definitivas al comprador hasta haberle obligado a que te facilite todas las informaciones que pudieran modificar la valoración de la compañía.

El segundo de los objetivos que debemos tener claro a la hora de continuar con un proceso de compra es poder realizar un análisis pausado y exhaustivo de la información obtenida. De realizarse así, lo aconsejable sería ir anotando todas las dudas o lagunas que hemos encontrado en dicho análisis. Este período de resolución de dudas será una oportunidad más que dispondremos para seguir conociendo las interioridades de la empresa en la que estamos pensando en participar. Una vez hayamos recopilado toda la información y resuelto todas las dudas, deberíamos tener ya claro si es la empresa en la que debemos o no invertir.

En caso de que sí lo sea, el siguiente propósito será el de diseñar una estrategia de negociación en la que dejemos dibujadas todas las variables que podrán caer de un lado u otro. Hay que recordar que no solo nosotros les estamos eligiendo a ellos como empresa en la que invertir, también la compañía nos está eligiendo a nosotros como socios e inversores. Tiene especial relevancia por tanto el hecho de que seamos lo suficientemente inteligentes como para desarrollar una estrategia en la que también nosotros resultemos atractivos para la otra parte por otros motivos adicionales al propio dinero de la inversión.

Si se trata de una venta de participaciones por parte de un socio que abandona la compañía para darnos entrada a nosotros, probablemente el interés por saber qué podemos aportar a la compañía sea menor; pero si por el contrario nuestra incursión en la empresa se va a realizar vía ampliación de capital, cabe la posibilidad de que mostrarnos atractivos como socios pueda tener un papel fundamental en la negociación de las distintas cláusulas, incluida la más relevante, que suele ser el precio de entrada o la valoración de la compañía.

La definición de una estrategia a seguir implica la planificación en el tiempo de los distintos pasos que se irán dando, así como el hecho de marcarnos unos objetivos mínimos y máximos para la adquisición de participaciones.

Como cuarta clave, recomiendo que, durante el proceso de negociación, y habiéndose cumplido las pautas anteriores, incorporemos el equipo de profesionales que sea necesario según la magnitud y tipología de la operación. En algunas ocasiones el acompañamiento por parte de un abogado puede ser fundamental para definir y concretar todos los aspectos legales de la operación. Cabe la posibilidad también de que sea interesante contratar a un experto en el área financiera, si tú no dispones del conocimiento necesario, para que interprete y analice toda la información conseguida.

Cuando contemos con toda la información necesaria y con un diagnóstico sobre la misma realizado de manera profesional, será el momento en que ya estaremos en condiciones de cerrar el acuerdo.

Llegados a este punto nos encontraremos en la fase más compleja de todas las que conlleva la participación en una sociedad, que es la firma y el cierre. Esta última fase muchas veces suele complicarse en el último segundo, imposibilitando que, después de un largo proceso de análisis y de muchas horas invertidas por una y otra parte, al final no se pueda concluir la operación.

Las razones que impiden que algunos de estos acuerdos lleguen a rematarse a veces son inexplicables y otras realmente sorprendentes. La aparición de un período vacacional, una enfermedad, el contacto con otro potencial inversor, la mejora de las expectativas del empresario o una noticia perjudicial en los medios de comunicación son imprevistos que echan a perder todo un proceso de compraventa de acciones.

En todas las fases anteriormente descritas debemos tener en cuenta que la negociación entre dos partes para la entrada en una empresa es un ejercicio complejo que en la gran mayoría de los casos no llega a rematarse o a producirse.

Son muchas las negociaciones que se pierden y pocas las que llegan a buen puerto. Por este motivo, es importante tener muy claro que, dada la cantidad tiempo y análisis que hay que realizar para poder llevar a cabo una inversión en condiciones, debemos tener asimismo presente que, en caso de prever que la operación no se va a poder realizar, nunca está de más aplicar el viejo dicho de que una retirada a tiempo es una victoria. Saber negociar también es saber retirarse.

Y por último... ***un consejo.***

20

Consigue ingresos pasivos

El juego del dinero nos ha conducido a hablar de inversión, pero creo que esa parte de claves inversoras necesitaban de este complemento referido a los ingresos pasivos, puesto que también ellos forman parte de ese juego.

Recordarás que en uno de los primeros capítulos hablábamos de intentar conseguir el objetivo de obtener ingresos pasivos; es decir, que en lugar de trabajar para el dinero, dieras un giro a esta idea y consiguieras que el dinero trabajase para ti.

La mayoría de las personas no obtienen ingresos pasivos y viven de ingresos activos; es decir, ingresos que obtienen como contraprestación a su trabajo y tiempo empleado. Es decir, cualquier trabajador de una empresa obtiene ingresos activos, ya que recibe un ingreso mensual a cambio de realizar su trabajo, por lo general, durante 40 horas semanales o más. De esto mismo se puede deducir que, si ese trabajador no trabaja, no genera ingresos.

En contraposición, los ingresos pasivos los vamos a definir en este caso como todos aquellos ingresos que implican una entrada de dinero, pero sin que te suponga una jornada laboral diaria y sin que tengas que trabajar de forma activa para conseguirlos.

Para poder obtener estos ingresos pasivos será importante delimitar qué tipos de estos ingresos existen, cómo podemos conseguirlos y cuándo deberíamos disponer de cada uno de ellos, así como cumplimentar algunos de los pasos que hemos establecido en anteriores capítulos, como pueden ser conseguir ahorros para poder generarlos o desarrollar determinadas herramientas útiles a tal efecto (de las que hablaremos más adelante).

Aunque obviamente no todos los ingresos pasivos provienen de negocios *online*, bien es cierto que hoy en día Internet es una plataforma ideal para crear negocios que generen ingresos pasivos, ya que permite que nuestro negocio esté abierto y funcionando las 24 horas del día y sin que tengamos que trabajar en ellos de manera directa.

A continuación, voy a intentar hacer una clasificación de los distintos tipos de ingresos pasivos que podemos conseguir, aunque principalmente podríamos dividirlos en dos tipos.

Por una parte, tenemos ingresos pasivos de naturaleza financiera, donde es exclusivamente tu dinero el que trabaja por ti generándote más dinero, y entre los que incluiríamos los intereses que obtienes por tus depósitos o cuentas de ahorro y los dividendos de acciones.

Por otra parte, podemos hablar de otro tipo de ingresos pasivos que, para generarse de forma recurrente, sí que requieren de un producto, servicio, sistema o negocio que funcione de forma casi automática. Los más comunes serían los siguientes:

- — Rentas por alquiler de viviendas, locales o plazas de aparcamiento.
- — Beneficios de tu propio negocio, que ya funciona de «manera rodada».
- — Suscripciones a revistas *online* o blogs.
- — Venta de *ebooks* o *podcasts.*
- — Ventas de libros *offline.*
- — Venta de imágenes.
- — Venta de formación *online* (a través de vídeos ya grabados).
- — Ventas *online* con procesos ya estandarizados o subcontratados.
- — Publicidad en sitios web.

No se te escapará que, entre las posibilidades enumeradas, está aquella que hace referencia a tu propio negocio. Y es que, tras las recomendaciones relativas a la inversión y al hecho relativo de hacer que sea el dinero el que trabaje para ti, llegamos a la que quizá sea la opción más apasionante a la hora de buscar tu libertad financiera y, especialmente, encontrar tu propio camino: **emprender.**

Y por último... ***un consejo de experto.***

Con los **ingresos pasivos**
conseguimos que
en lugar de
trabajar para el dinero,
el dinero pase a
trabajar para nosotros.

PABLO GIMENO

21
Monta tu propio negocio

Después de haber analizado en los capítulos anteriores toda una serie de acciones que puedes realizar en tu día a día para llegar a conseguir la libertad financiera, hay que admitir que todavía puede darse el caso de que ninguna de esas vías sea la correcta al 100 % o todavía no la hayas alcanzado. Quizá incluso ni siquiera estés cerca de haberla conseguido. Pero no te angusties: como se expresa en el dicho popular, cuando el plan A no funciona, no hay que preocuparse porque el diccionario tiene 26 letras más.

Voy a proponerte una nueva alternativa que precisamente es, para mí, la opción más apasionante que puedes plantearte en tu vida, y que no es otra que la de emprender, montar una empresa, crear tu propio negocio, lanzarte a tu propia aventura. Hablo de invertir en tu propia empresa.

¿Qué es emprender?

Montar una empresa es dar un salto en el ámbito profesional en el que pasas de depender y tener a alguien por encima al que debes reportar a no tener nadie más arriba que tú y jugar sin una red que te sujete.

Es así como te conviertes en dueño de tu destino, con todo lo bueno que esto conlleva como tener máxima libertad; pero también con todo el riesgo que supone, ya que pasas a tener la máxima responsabilidad.

Desde mi punto de vista, os puedo decir que para mí, y os lo dice alguien que ya ha montado una decena de empresas, emprender es una de las cosas más sacrificadas que se pueden hacer en esta vida, pero, sin duda, también una de las cosas más emocionantes y más satisfactorias.

La frase «montar una empresa» es mágica. Hay otras terminologías para decirlo, lo sé, pero esa expresión para mí desprende magia. En todo caso, no debemos quedarnos en las formas, sino en el fondo y en el significado que esto tiene.

Emprender implica ordenar una serie de recursos con el objetivo de conseguir llegar a un fin determinado. Recuerdo una anécdota que me ocurrió muy joven, en mis primeras semanas de universidad, cuando empecé la carrera de Administración y Dirección de Empresas en la Universidad Francisco de Vitoria. Un profesor nos planteó la pregunta, nada menos, de cuál era el objetivo más importante que creíamos que tenía una empresa.

Con 19 años y todavía con mucho que madurar, recuerdo que fui el primero en levantar la mano y decir que el objetivo era el de obtener el máximo beneficio posible. El profesor me corrigió y me amplió mucho más mi definición dándome así la primera gran lección para mi vida como empresario: el principal fin de una empresa, me dijo, es en última instancia el de ofrecer un servicio a la sociedad y crear riqueza para todas las personas involucradas de una manera directa o indirecta en ella. ¿Hay algo más emocionante?

No os podéis hacer ni una idea, en estos 10 años que llevo como presidente y director del Grupo PGS, de la cantidad de días duros que he tenido, o de cuántas noches he pasado sin dormir, pero todavía me cuesta aun más explicar la enorme felicidad que me produce pararme un sábado por la mañana con un cuaderno en blanco y un café con leche, y echar la vista atrás de todo lo conseguido.

Este libro habla de un objetivo personal como es el de alcanzar la libertad financiera, pero has de saber que es muy importante que tus propios objetivos confluyan con los de las personas que te rodean y de la sociedad en la que vives. Por eso, os puedo decir que aquellos que deis el salto a emprender, además de tener la posibilidad de cumplir vuestros sueños, estaréis en disposición de hacer felices a muchas personas y de que también se cumplan los sueños de muchos de los que están a vuestro alrededor.

Pero retomo ya el hilo del emprendimiento después de esta explicación un poco existencial que me he permitido hacer, y lo hago planteando preguntas tan esenciales como cuándo sería el momento idóneo para tomar esta decisión y emprender.

Hay quienes piensan que esto es bueno hacerlo joven, cuando todavía se tienen pocas responsabilidades; por el contrario, otros piensan que es mejor hacerlo cuando ya eres mayor y dispones de algunas reservas económicas. Yo no creo que sea una cuestión de edad. Mi consejo es que el momento idóneo de montar una empresa es cuando has interiorizado y comprendes el motivo de querer montarla. Esto puede pasar con 20 años, con 40 o con más.

Lo que de verdad es importante es que tengamos claro qué queremos alcanzar con la creación de ese proyecto, porque solo si se tiene claro qué pretendemos obtener con él, estaremos listos para dar el salto.

Y por último... ***inspírate***.

22
Lánzate a la acción

Me parece oportuno recordar aquí uno de los primeros grandes proyectos empresariales que hemos puesto en marcha desde Grupo PGS: un concurso para emprendedores llamado «Lánzate». Este concurso recorría el territorio nacional, visitando entre diez y quince ciudades cada año, con el objetivo de que aquellos emprendedores que estaban a punto de tomar la decisión de arrancar con su negocio consiguieran las herramientas necesarias para poder hacerlo. Nosotros como organización les facilitábamos financiación, asesoramiento e incluso un espacio en el que poder arrancar.

¿Por qué llamamos a este concurso «Lánzate»? Si analizamos la palabra «lánzate» vinculada a un contexto emprendedor, algunos pudieran relacionarla con un salto al vacío. Os confesaré que creo que algo de razón tienen. Las personas que necesitan saber qué es lo que va a ocurrir mañana, pasado mañana y dentro de un año, que se sienten cómodas con cierta monotonía en su día a día, tienen muy difícil ser los candidatos perfectos para lanzarse a la aventura de emprender.

Efectivamente, existe algo de paralelismo con «lanzarse al vacío». La cantidad de incertidumbres que se te van a plantear cuando arrancas desde cero con tu empresa es enorme, y va a implicar que estés armado de unas buenas dosis de valentía, de capacidad de razonamiento y de ganas de aprender.

Cuando entras a trabajar a una empresa te explican cuáles van a ser tus funciones, y normalmente al cabo de un mes dominas ya perfectamente tu rutina. Sin embargo, cuando te lanzas a montar una empresa, tienes que aprender a vivir con una rutina que consiste en la incertidumbre, en la aparición de problemas que nunca habías visto, en la gestión de emociones que tienes que saber sobrellevar. Te tocará tener conocimientos sobre recursos humanos, sobre economía, comerciales, de producción, etc.

Es imposible dirigir una orquesta de música sin saber cómo suena cada instrumento. Esto que te estoy diciendo tampoco significa que tengas que ser un experto en todos esos campos empresariales, ni mucho menos; sencillamente, tienes que conocer cómo funciona cada departamento para poder vislumbrar qué perfil de trabajador encajaría y desempeñaría mejor sus funciones en él.

El consejo que me gustaría darte aquí es que, si tienes decidido el fin u objetivo de la empresa y crees que tienes las capacidades necesarias para liderarla, lánzate sin más. Piénsalo una o dos veces, pero no más.

Espero que me entiendas y no tomes mis palabras al pie de la letra cuando digo que emprender tiene cierto paralelismo con «lanzarse al vacío». Doy por hecho que antes de dar este importante paso en tu vida, habrás analizado bien tu idea de proyecto, te habrás analizado bien a ti mismo y sabrás cuáles son las actitudes que te ayudarán a conseguir tu meta, con qué fortalezas personales cuentas y, también, qué debilidades pueden hacer tambalear tu proyecto.

Por último, a la hora de lanzarte te recomiendo que compartas tu idea con personas de confianza que puedan aportar su experiencia y enriquecer tu proyecto con una visión diferente.

Eso sí, una vez que te has subido a la ola, es mejor no mirar mucho atrás y ser consecuente con la decisión que has tomado. Si tienes ilusión, quieres y trabajas duro, se puede.

Y por último... ***toma nota.***

23

La fórmula para emprender sin dinero

Al finalizar una conferencia que impartí en la inauguración de la Feria de Franquicias de Valencia, se me acercó una persona que estaba de oyente y me pidió un consejo por una duda que tenía. Me comentó que tenía claro que quería montar una empresa, y de hecho lo tenía todo preparado, pero quería emprender sin miedo. Se quedó muy sorprendido cuando le dije que se podía emprender sin dinero, pero no sin miedo.

El miedo es un ingrediente totalmente necesario en cualquier aventura empresarial. Me gusta la contradicción que encierra el consejo de que no hay que tener miedo al miedo, de que no hay que temer el hecho de que el miedo pueda (y deba) recorrer tus venas en muchas ocasiones.

Sin embargo, ¿se puede emprender sin dinero?

Como hemos comentado, son muchos los ingredientes que hacen falta para poder poner en marcha un proyecto. Me dedico a la búsqueda de capital privado para proyectos empresariales o empresas ya constituidas, y no seré yo quien os diga que el dinero no es relevante. No obstante, sí que os diré que para empezar a emprender puede ser prescindible.

Pero para que esto sea así, tienes que tener claros esos ingredientes necesarios para emprender de los que hablábamos en claves anteriores. Así, por ejemplo, puedes llegar a un acuerdo con un socio o con un inversor en el que tú aportes algunos de esos ingredientes y sea él quien aporte el capital restante necesario.

El director de un conocido *family office* me dijo una vez algo en lo que no estoy de acuerdo al 100 % pero sí en gran parte, y es que *«el mejor negocio que existe es aquel que se monta sin dinero»*.

Pues bien: si la solución que estamos planteando es la de encontrar socios capitalistas en caso de que tu carencia sea la falta de capital, la siguiente pregunta que debemos hacernos es dónde podemos encontrar dichos socios.

Por lo general, cuando un emprendedor va a buscar capital para arrancar un proyecto en fase inicial, debería empezar por las famosas 3 F's: *Family, Fools & Friends* (familia, locos y amigos). Esta es la manera más fácil, rápida y tradicional de conseguir los primeros recursos para empezar a dar forma a tu negocio o proyecto.

El porqué de empezar buscando capital privado para tu proyecto en las 3 F's, es decir, en tu entorno más cercano, es evidente: ellos serán los primeros que apuesten por ti, y por ende por tu idea. Hay quien dice con más o menos razón que si no eres capaz de convencer a tu entorno más cercano para que invierta en ti y en tu idea, ¿cómo vas a conseguir otro tipo de financiación?

Pero ten cuidado porque no todo es tan bonito y tan fácil si recurrimos a este tipo de inversores. Precisamente porque son tus seres queridos o tu entorno más cercano el que está invirtiendo y apostando por tu proyecto, debes tener un especial cuidado y ser exquisito en la gestión y en la transparencia de todas las decisiones importantes que tomes en el negocio.

La falta de transparencia o seriedad a la hora de desarrollar tu negocio puede implicar la pérdida de confianza y el inicio de serios conflictos dentro de tu entorno.

Como buen emprendedor, y para evitar esto último, debes conocer y tener bien claro qué esperan ellos de la inversión que van a hacer. Es decir, si aspiran únicamente a recuperar la inversión, o si, por el contrario, buscan rentabilidad o invierten a fondo perdido. La transparencia es siempre necesaria, y con tu entorno más cercano todavía más.

Y por último... ***una reflexión.***

24

Potencia tu marca personal

¿Por qué todo el mundo habla de marca personal? ¿Qué es y por qué es tan importante para tu empresa o *startup*?

Podemos definir marca personal como la percepción o huella que dejamos en los demás. En un mundo tan competitivo como es en el que nos movemos, la marca personal puede servirte para destacar frente a todos esos competidores y reforzar tu valor como profesional.

¿Cómo podemos empezar a trabajarla? Gestionando nuestra imagen personal como si se tratase de una marca comercial. Es decir, tu producto eres tú.

Ya lo hemos dicho antes: las empresas son lo que son las personas que están detrás de ellas. Por eso, las empresas tienen valores, y estos son, o suelen coincidir, con los de las personas que las componen. Es difícil encontrar una empresa honesta y responsable cuando sus directivos son justamente lo opuesto.

Fijaos hasta qué punto existe para mí una vinculación total entre una empresa y la persona que la ha fundado, que cuando decidí qué nombre ponerle a mi grupo empresarial, creí que el más idóneo era PGS, mis propias iniciales. Y así es como sigue hoy en día, y el nombre de la mayoría de las empresas que he ido fundando a lo largo de estos años también se engloban bajo la marca de Grupo PGS.

Pero, ¿qué quiere decir potenciar tu marca personal? Potenciar tu marca personal significa decirle al mundo cuáles son las señas de identidad que te representan.

Cuando empiezas en una empresa y estás solo, es evidente que tanto clientes como proveedores deberán tratar contigo personalmente. Por mucho que estén firmando un contrato en el que aparezca un logo de tu compañía, os puedo asegurar que después de la firma os darán la mano y os mirarán a los ojos, y probablemente eso tenga más fuerza para el cumplimiento de lo acordado que todo lo que esté escrito en el papel.

Potenciar la marca personal de uno mismo es, y no puede ser de otra manera, una buena decisión cuando das el paso de emprender. Una de las mejores estrategias comerciales que existe para conseguir vender productos o servicios es la de generar confianza en tu cliente. Dar a conocer tu marca personal, tu entorno y todo lo que te representa está permitiendo a la otra parte que te conozca, que te identifique y que sepa con quién está tratando.

Efectivamente, a mí me interesa mucho recalcar lo esencial que resulta para tu proyecto comenzar a construir tu marca personal desde el principio, a fin de destacar en este mundo tan competitivo y poder posicionarte mejor respecto a la competencia como un profesional de confianza y referencia. Para ello será importante que analices las herramientas que están a tu alcance con el fin de poner en valor todo aquello que quieres que te represente cuando alguien hable de ti.

Todas estas reflexiones me conducen a una realidad ineludible: ya desde el mismo momento que decidas emprender, deberás empezar a crear tu propia marca personal, porque detrás de toda empresa hay personas, y detrás de tu empresa estás precisamente tú.

Y por último... ***toma nota.***

25
Es inevitable tener algún enemigo

Estoy seguro de que todos los que estéis leyendo este libro, tenéis perfectamente identificado quién es Mark Zuckerberg. Hay una película sobre él, *La red social,* sobre la que recuerdo que, además de resultarme altamente inspiradora, me dejó una frase grabada en mi cabeza y que voy a utilizar para intentar explicar lo que pretendo en este capítulo.

De forma resumida, como todos ya sabréis, Zuckerberg creó Facebook, una red social para comunicarte y estar en contacto con tus amigos y conocidos. Esto se nos narra en la película, pero recuerdo que, pese a todo el positivismo que desprendía la misma, había también algunas partes un tanto agridulces en cuyo contexto se pronuncia la frase que os comentaba antes:

«Es imposible hacer un millón de amigos sin crearte algún enemigo por el camino».

Pues bien, queridos amigos, esto es un peaje que a veces uno tiene que pagar cuando decide montar una empresa. Creo que cada uno de nosotros, empresarios y emprendedores, tenemos que esforzarnos cada día para hacer nuestro trabajo con la diligencia y honestidad máxima para que nadie pueda hablar mal de nosotros. Sin embargo, a menudo no es posible satisfacer a todo el mundo. Un ejemplo obvio es que el mismo día que naces como empresa ya habrás enfadado, por lo pronto, a tu propia competencia.

Por tanto, además de deciros que es fundamental intentar reducir al máximo el número de personas que estén en contra de tu marca, a los que denominamos, quizá exageradamente, «enemigos», es importante también buscar fórmulas para convertir a los que te vayas encontrando por el camino en otra cosa que no sea un enemigo.

Como veremos en el siguiente capítulo, la salida más beneficiosa será la de convertir a ese enemigo en un aliado. Cierto es que, aunque la teoría es muy bonita, en la práctica resulta más complicado. Pero, aun así, yo os digo que sí se puede conseguir. He visto a grandes empresarios hacerlo. Unos bajo el lema: «Cuando no puedas con tu enemigo, únete a él» y otros con otros lemas, pero te aseguro que convertir esos mal llamados «enemigos» en aliados se puede y además es muy beneficioso.

En cualquier caso, os puedo aconsejar que, a pesar de los enemigos que inevitablemente tengamos como empresa, lo mejor va a ser centrarnos en nuestros clientes y olvidarnos de los primeros.

Nuestro objetivo como empresa nunca puede ser el de «destruir» a nuestros enemigos o competencia. Por el contrario, sí que deberíamos tener como objetivo el «construir» valor para nuestros clientes. No perdamos el foco: las empresas y marcas con más éxito son aquellas que dedican más esfuerzos a innovar y provocar disrupciones positivas en clientes y, por ende, en la sociedad.

Por supuesto, todo esto que digo no significa que debamos ignorar a los competidores de una empresa; es más deben considerarse como un elemento más en la definición de la estrategia empresarial, pero siempre de forma constructiva y no destructiva.

Pero la conclusión está clara: si queremos triunfar en la vida, ya sea como empresarios o en el plano personal, olvidémonos de los enemigos que nos surjan por el camino, ya que, si actuamos con honestidad, serán pocos. Por el contrario, centrémonos en crear valor para nuestros clientes o para la sociedad.

Y por último... ***inspírate.***

26
Convierte a tus enemigos en aliados

Lo que te recomendaba antes de convertir a tus enemigos en aliados, como ya avisaba, no es sencillo, pero son muchas las ocasiones que yo personalmente lo he conseguido poner en práctica.

Os voy a poner un ejemplo: durante años, en la boutique de M&A desde la que Grupo PGS se dedica a la venta de empresas, hemos mirado con respeto y con cierto recelo a otra empresa que, siendo en nuestros inicios tres veces más grande que nosotros, se dedicaba justo a lo mismo. Éramos bien conscientes de que ellos se dedicaban a la misma actividad y que nos seguían los pasos, e incluso en algún caso nos había tocado competir por un mismo cliente.

Puesto que el ecosistema en el que nos movíamos era muy pequeño y solíamos encontrarnos, os reconozco que en algunas ocasiones se formaban situaciones incómodas. Y no es que ninguno de los dos hubiéramos hecho nada malo: simplemente competíamos.

Por ir siempre con prisas, lo cierto es que nunca me había parado a pensar cómo podríamos convertirnos en aliados si en realidad nos dedicábamos a lo mismo. Hasta que un domingo en una cafetería, descansado y activo por el café que me acababa de tomar, empecé a intentar plantear una fórmula que fuera buena para las dos partes. La primera decisión que tomé fue irme a ver a su presidente.

La petición de la cita ya era en sí muy particular, y de hecho se quedó muy sorprendido cuando la recibió. Pero yo tenía la intuición de que, aun dedicándonos a ofrecer el mismo servicio, quizá podría haber una posibilidad de que fuéramos complementarios. Y, efectivamente, así fue.

Desde nuestra empresa nos dedicamos a la venta y búsqueda de inversión privada para proyectos empresariales y empresas que tienen una valoración de hasta los 15 millones de euros. Y resultó que ellos, sin embargo, preferían atender a clientes cuya valoración mínima era de unos 30 millones de euros y de carácter extranjero.

Después de aquel café que compartí con su presidente, nos dimos cuenta de que Grupo PGS le podía remitir los clientes a los que no queríamos llegar a cambio de una comisión; y él me remitiría los suyos a cambio de otra comisión.

Desde ese día tenemos una comunicación periódica y nos aportamos valor mutuamente.

Confío en que con este caso real te haya quedado claro que la competencia en una empresa no es mala, sino todo lo contrario. Es más, puedes convertir a tus enemigos (competencia) en aliados, y no en un aliado cualquiera, ya que puede incluso llegar a ser uno de los recursos más valiosos que tengas en tu organización.

Por tanto, una vez que tenemos claro que podemos convertir a nuestros enemigos en aliados, queda resolver el cómo hacerlo. Para ello debes primero identificar cuál es tu competencia real y qué equipos ocupan los primeros puestos de la liga que tú también estás jugando. Una vez identificados, relaciónate y comunícate con ellos; recuerda que no son tus enemigos. Y, por último, busca una solución o servicio que podáis daros de forma complementaria.

Me parece adecuado finalizar este capítulo con una reflexión que me solía repetir alguien muy cercano: «recuerda que donde no llegamos solos, podemos llegar acompañados».

Y por último... ***un consejo de experto.***

27
Aprende de los mejores

Imagino que la mayoría ya sabéis quién es Carolina Marín, pero para quienes no lo sepáis, os la voy a presentar con mucho gusto. Carolina es una jugadora de bádminton española que, con apenas veinte años, ha sido capaz de poner de moda este deporte tan minoritario en nuestro país, coronándose como campeona mundial en dos ocasiones y ganando la medalla de oro en los Juegos Olímpicos de Río de Janeiro.

El bádminton era un deporte dominado normalmente por jugadoras asiáticas, pero hace ya unos cuantos años que ha sido conquistado por esta brillante deportista española que, como ha quedado acreditado en varias competiciones, es una de las mejores del mundo.

La razón de por qué la situación con este deporte no había cambiado antes en nuestro país puede deberse, por un lado, a que la fisionomía de las jugadoras españolas no se correspondía con las características idóneas para llegar a lo más alto del bádminton profesional, así como al hecho de que tampoco existía una gran cultura de este deporte en nuestro país.

En una entrevista que le hicieron a su entrenador, el periodista constantemente le preguntaba cuáles eran las virtudes que tenía Carolina Marín para haber podido posicionarse en lo más alto de este deporte. El entrenador reconocía que Carolina no tenía, en sus inicios, una fisionomía idónea, y debía enfrentarse además a otras adversidades, como no tener unos grandes patrocinadores al no tratarse el bádminton de un deporte muy conocido.

Todo ello hace más meritorio lo conseguido por Carolina Marín, y a mí me llamaba la atención leer cómo, en varias de sus respuestas, su entrenador incidía en que el secreto de Carolina Marín era mirarse en Rafa Nadal. Entrenaba mucho y de la misma manera que él, se fijaba en su alimentación, veía sus ruedas de prensa y tenía tan claro los valores que representaban a Rafa Nadal que ella misma se esforzaba por interiorizarlos y ponerlos en práctica cada día.

Se podría decir que se convirtió en la número uno del bádminton gracias a fijarse en el número uno del tenis.

En el mundo de la empresa ocurre exactamente lo mismo. Para poder llegar a lo más alto, hay que mirar hacia arriba. Hay que buscar a las personas o empresarios que te inspiren.

El consejo que quiero darte es que «te los estudies», que te sepas todo de aquellas personas que admiras por la obra que han conseguido en el ámbito empresarial. Una fórmula para conseguirlo puede ser la de leer las biografías que muchos de ellos tienen escritas, o las entrevistas que hayan concedido para distintos medios. Además, las nuevas tecnologías también nos permiten poder ver vídeos sobre ellos, donde conocer su forma de hablar, sus gustos, sus valores, etc.

No tengas reparos. Por pequeño que seas cuando empiezas a arrancar con tu negocio, no pasa nada porque te fijes en grandes empresarios que, aunque parezcan inalcanzables, aunque te saquen muchos cuerpos en número de empleados o facturación, sin duda podrán servirte de modelo en el que mirarte.

Y por último... ***inspírate.***

28

Un club puede ser una oportunidad

Dice la Biblia que «por los que le rodean, le conoceréis». Todos aquellos que decidáis dar el salto a montar una empresa, debéis saber la importancia que tiene el rodearse de las personas adecuadas.

No voy a hablar en este capítulo de la importancia que tiene elegir buenos socios o buenos trabajadores, ya que presupongo que, a estas alturas, todos somos conscientes de ello. Aquí os quiero hablar de los contactos, de la importancia que tiene conocer y entablar relaciones con personas que tengan intereses profesionales parecidos a los tuyos. Personas que además pueden aportarte valor.

Cuando eres o quieres convertirte en emprendedor o empresario, es imprescindible que te vayas construyendo una red de contactos profesionales. Además de ir a buscar clientes, hay que integrarse en el ecosistema en el que te mueves.

Por eso, es muy recomendable que, si lo que estás intentando es convertirte en un empresario de éxito, asistas a encuentros y eventos donde haya más empresarios. Y si además de ser empresario, vas a dedicarte al mundo de la comunicación, es bueno que encuentres tiempo para, ya sea durante tus ratos libres o laborales, buscar espacios donde puedas entablar amistad, o simplemente conocer, a profesionales que puedan aportarte valor dentro de tu campo profesional.

Las relaciones sociales a la hora de montar cualquier negocio son fundamentales. No me atrevo a señalar cuál es fórmula correcta o cuál es el lugar idóneo para establecerlas, ya que dependerá de cada sector, de cada empresa y de uno mismo. Quizá esos lugares idóneos para encontrar a las personas de referencia puedan ser espacios evidentes como los eventos específicos de *networking,* pero también lo pueden ser una obra de teatro, un club de golf o un campo de fútbol. Si afinamos en qué necesidades o carencias tenemos, sabremos a qué lugar deberíamos ir para encontrarnos con la persona que estamos buscando.

Pero hay muchas veces que tampoco hace falta irnos muy lejos para encontrar aquello que buscamos. Por ejemplo, si lo que más deseas o necesitas es que aparezca un inversor para tu proyecto, lo más sensato es que empieces por analizar tu agenda, porque quizá hayas pasado por alto algún contacto que pudiera encajarte; o si estás en un evento social, tengas en cuenta con quién te gustaría que te sentasen al lado para que, además de pasar un buen rato, consigas establecer un buen contacto.

Es decir, igual que todas las empresas tienen que dedicar esfuerzos en tiempo y en actividad a realizar una buena prospección del mercado para conseguir nuevos clientes o proveedores, tú como empresario y dueño de tu empresa deberás dedicar tiempo a pensar y buscar qué personas pueden aportarte valor, y a las que tú también puedes aportárselo.

Lo que quiero transmitiros es que en una empresa no se puede pensar que el negocio está de puertas para adentro: el negocio siempre está ahí fuera.

Y por último... ***una reflexión.***

29

ACEPTA 20 AÑOS DE ESFUERZO Y SACRIFICIO

Después de ver cuál es mi rutina diaria, alguno se estará preguntando «¿y tus tres hijos?», «¿y el ocio?» Esa parte es, sin duda, el principal motivo por lo que hago todo lo anterior.

Cuando he decidido dedicar 20 años de trabajo al ritmo que lo estoy haciendo, hoy no tengo otra finalidad que la de poder dedicar algún día todo el tiempo que me dé la gana y me apetezca a ellos. Sin restricciones ellos son principio y fin de todo.

Está claro que cada uno planifica su vida como quiere y como considera en cada momento. Hay gente que prefiere estudiar durante 20 años y trabajar durante los siguientes 45 años a un ritmo normal. Sin embargo, yo, al igual que otros empresarios, tomé la decisión de intentar trabajar mi primera mitad de vida laboral a un ritmo muy intenso, con el objetivo de que durante la segunda mitad pudiera trabajar a un ritmo radicalmente opuesto, mucho más reducido y que yo mismo marcase.

¿Qué quiero decir con un ritmo muy intenso?

Un ritmo muy intenso es encontrar tus niveles de resistencia, renunciar a muchas cosas, realizar muchos sacrificios cada mes, cada semana, cada hora. Implica no querer hacer las cosas bien, ni tan siquiera de manera sobresaliente, sino buscar la excelencia, la matrícula de honor en cada acción que lleves a cabo.

Recuerdo de más joven, cuando estudiaba en la carrera, el cansancio que se me quedaba en el cuerpo después de un examen de dos horas. Recuerdo cómo decía que después del examen ya solo podía dedicar el resto del día a recuperarme. Ahora tengo días que son como un examen de 11 horas. En ocasiones acudo a ocho reuniones en un solo día con empleados, clientes o proveedores, en las que me toca no solo hacer la exposición principal, sino echar a mi espalda todo lo bueno o lo malo que en ese encuentro ocurra. ¿Y sabéis qué? Disfruto enormemente ya que voy hacia donde yo quiero ir. Esta reflexionado y decidido.

La diferencia entre estar en la décima reunión del día con una mente agotada a estar brillante, enérgico, positivo y con el liderazgo necesario para conseguir el objetivo que se persigue en cada una solo depende de las claves que intento trasladaros: orden, descanso, sacrificio, esfuerzo y concentración.

Tener claro dónde estás y por qué estás haciendo estos esfuerzos, tener perspectiva, es clave para poder afrontarlo de la manera correcta.

Mis vacaciones son ahora algo más cortas de lo que me gustarían y algunos catarros toca curarlos desde la oficina... Podría enumerar así tantas y tantas cosas que, si hubiera elegido ser otra cosa en la vida, por supuesto no tendría por qué hacerlas así. Pero la decisión está tomada y sé lo que quiero y por qué lo hago.

A pesar de todo esto os diré una cosa importante: el lunes a primera hora suele ser un momento de pereza para más de un 90 % de los trabajadores de cualquier empresa, pero para mí es un momento de felicidad, de energía, de ganas, de emoción. Es un reto nuevo. Os reconozco que soy feliz.

Por tanto, puedo concluir con convencimiento diciendo que lo importante no es que lo que estés haciendo sea perfecto; es simplemente que entiendas por qué lo haces y que ello te haga feliz.

Y por último... ***inspírate.***

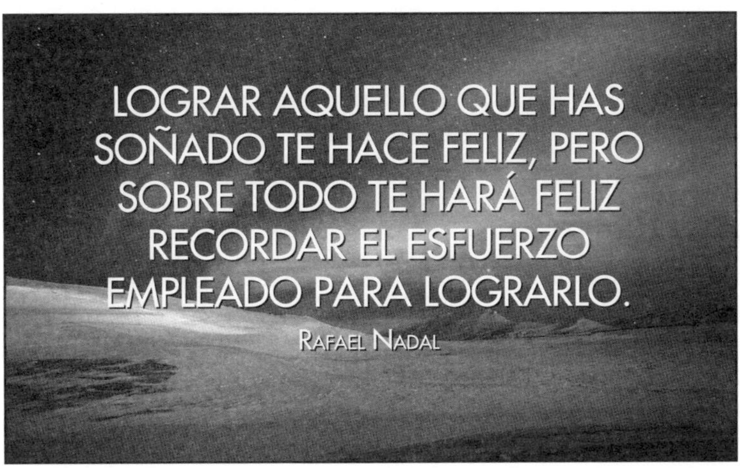

30

Crea tu rutina diaria

Martes, son las 6 de la mañana. Suena la alarma de mi despertador. En 10 minutos repaso desde la cama lo más importante que ha pasado en el mundo. A las 7:05 ya estoy sentado en mi despacho. Comienza la jornada.

El objetivo diario que me marco es conseguir coordinar a todo mi equipo, y para ello necesito tener una mente engrasada y preparada desde primera hora. Ya tengo que estar completamente espabilado y a nivel óptimo de capacidad mental.

Lo primero que hago es focalizar mi día y establecer un orden en el que determino qué cosas son importantes y cuáles urgentes para poder tener una visión global de la jornada que tengo por delante.

Empieza una nueva jornada, y durante cinco horas de mañana voy a tener que estar liderando diferentes reuniones internas y externas, tomando decisiones que nunca había tomado, y solucionando los problemas del día a día que nunca imaginé que tendría que solucionar.

A las 14:00 es la hora de la comida y hago un parón en el trabajo de una hora. Hasta las 18:00 horas normalmente no termina mi jornada laboral, y hasta ese momento tengo que mantener el mismo nivel de concentración.

A partir de las 19:00 horas intento hacer algo de deporte, distraerme, y lo más importante, intentar cuidar de mi familia.

A las 21:00 horas ceno y me informo con el telediario de lo que ha ocurrido en el mundo.

Como muy tarde intento a las 22:00 estar en la cama, para dar paso a algo tan necesario como el descanso.

Esa es a grandes rasgos mi rutina diaria, aunque lógicamente con algunas variaciones según los días. Es importante que trates de no descuidar tus rutinas en vacaciones. Yo en fines de semana y vacaciones intento descansar, pero también creo rutina en buscar mis ratos de reflexión.

Todo esto de la rutina diaria os lo cuento porque en este capítulo os quiero hablar de la importancia de la concentración y del esfuerzo que hay que estar dispuesto a realizar si se quiere conseguir el objetivo que nos hemos marcado.

Os contaré algunos «secretos» o «trucos» que vengo aplicando desde que me embarqué en esta aventura empresarial y entendí la importancia que suponía en toda la empresa que mi cabeza estuviera al 100 % de su capacidad. Para ello, he ido quitando todo aquello que me distorsionaba y que distraía mi mente del objetivo que persigo.

No tomo una gota de alcohol. No lo necesito.

Tengo una rutina del sueño que intento seguir con mucho rigor. Dormir bien es mágico para un empresario.

Intento evadirme de distracciones como estar en decenas de grupos de *WhatsApp* irrelevantes y escuchando los comentarios que se mandan con tanta frecuencia.

Mido milimétricamente el nivel de café que tomo, cuándo lo tomó y previo a qué reuniones debo tomarlo.

Durante el fin de semana intento mantener el mismo ciclo de sueño y los mismos horarios.

Cuido mi alimentación y elijo aquellas comidas que creo que pueden sentarme mejor para que física y mentalmente esté en las mejores condiciones.

Hago un poco de deporte todos los días. A veces porque me gusta, pero en otras ocasiones porque sé que me aportará mejor concentración y mejor descanso.

Asumo que muchos planes de ocio, tales como ver muchas películas de ficción o series interminables, no tienen cabida en mi día a día, ya que ese tiempo lo necesito para planificarme.

Cada mañana dedico unos minutos para planificar el resto del día. Los sábados por la mañana planifico mi semana próxima. Durante el verano planifico el año.

Como puedes comprobar, el orden en mi vida no es un capricho, es la clave de mis éxitos. Y el rigor en cumplirlo no es una opción, es una necesidad. He elegido lo que he elegido y creo que soy consecuente.

Os preguntaréis por qué doy tanta importancia a la rutina y la respuesta es fácil. Por exagerado que parezca, la vida de un empresario o emprendedor es de las más ocupadas del mundo. Tenemos muchas cosas que hacer y muy poco tiempo para poder llevarlas a cabo, y la única clave para poder conciliar todos los aspectos de nuestra vida diaria es precisamente la rutina.

Y por último... ***un consejo de experto.***

31
La importancia del descanso

Imagino que todos los que estáis leyendo este libro tendréis a vuestro lado un teléfono móvil. Hoy en día es una herramienta que se nos hace indispensable y que queremos tener operativa en todo momento. De hecho, si no lo está, nos solemos poner un poco nerviosos. Por eso solemos andar muy pendientes de «no quedarnos sin batería». De eso quiero hablarte aquí, de lo importante de no quedarse sin batería. Pero no solo hablo de tu teléfono móvil.

Está comprobado que la mayoría de los usuarios de los teléfonos móviles suelen aprovechar la noche para cargar su batería. De este modo, cuando salen por la mañana de casa tienen la batería necesaria que les permite estar todo el día conectados.

La batería del móvil es muy parecida a tu cerebro. Durante el día haces un uso más o menos intenso de él, y por eso se hace necesario que luego haya que recargarlo. Y como te decía en la clave anterior, si lo que pretendes es dirigir la empresa que tú mismo has creado, estate completamente seguro de que el uso que vas a tener que hacer de tu mente durante la jornada va a ser ciertamente intenso, por no decir el máximo.

De manera que, siendo así las cosas, no te va a quedar más remedio que salir cada mañana de casa con la batería, tanto de tu cerebro como de tu móvil, al 100 %. Es la única fórmula posible de que consigas sacar adelante tu jornada.

¿Cómo puedes recargar tu batería de manera óptima? En este caso, la cosa es un poco más compleja que en el de los teléfonos móviles, y no nos vale solo con la recarga nocturna (aunque ese descanso es primordial). Yo divido en tres los momentos de recarga que resultan fundamentales para que el cerebro funcione al nivel que se le requiere a alguien que pretende ser un empresario de éxito.

El primero de ellos: cada día. Como te decía, es muy importante que por la noche te concentres solo en dormir y descansar, apartando de tu mente los negocios y los problemas, y que pienses solo en relajarte y soñar. De igual manera, creo que es bueno tener dos o tres horas al día en las que tu mente pueda centrarse únicamente en tu pareja, tus hijos, el deporte o una actividad que te evada de tu vida profesional. La parte familiar es muy valiosa también, como enseguida veremos. El caso es que considero que las «medias tintas» perjudican siempre: si estás en el trabajo, estás en el trabajo, y si estás con tu familia, estás con tu familia.

El segundo momento fundamental para conseguir tener esa batería siempre al máximo de sus posibilidades se produce cada fin de semana. Siendo empresario probablemente haya momentos del fin de semana en los que, de alguna manera, no puedas evitar tener que realizar algunas funciones vinculadas a tu trabajo. Soy bien consciente de ello, pero el fin de semana es largo y debes conseguir desconectar mayoritariamente para que el lunes a las siete de la mañana tu mente sea un motor listo para llevarte a donde quieras.

El tercer momento de recarga es el que mayor perspectiva aporta. Me refiero al período vacacional del año, generalmente el verano. Alejarte físicamente de donde resides, descolocar tu rutina, oler otros aromas, mirar otros paisajes, oír otros sonidos, probar otras comidas...; todas esas sensaciones tienen que permitirte desconectar. Y una vez hayas desconectado de verdad, es el momento perfecto para planificar el año, desde lo general a lo particular.

Una recomendación muy concreta que te hago, y es algo que yo personalmente llevo a cabo todos los veranos, es que te compres un cuaderno en blanco y lo emplees para ordenar, muy bien ordenados, todas las ideas y objetivos que persigues en tu vida profesional y personal, así como para reflexionar sobre todo lo que te ha ocurrido en el pasado año.

Yo ya imagino que poner en valor la importancia del descanso es algo que de sobra lo sabes, pero debo insistir: tanto para ti como para tu empresa resulta esencial y sumamente beneficioso que aproveches estos períodos de descanso para limpiar tu mente y para llegar bien renovado a la actividad del «nuevo curso».

Y por último... ***toma nota.***

32
La familia

En la vida es importante que nos marquemos el reto de conseguir que todo lo que haya a nuestro alrededor, a distintos niveles y no solo en los profesionales, contribuya y favorezca a que se creen las condiciones óptimas para poder alcanzar esos objetivos de libertad financiera que nos hemos marcado en este libro.

Eso incluye el plano familiar, al que acabo de aludir en el capítulo anterior como un territorio primordial a la hora de focalizar la atención y el empleo de nuestro tiempo.

La familia es un factor determinante para la estabilidad personal de cada uno, aunque obviamente en muchas ocasiones los problemas que surgen en su seno, en cualquier familia, pueden llegar a distorsionar y afectar nuestro nivel de productividad. Sin embargo, a pesar de la inestabilidad que en este sentido puedas encontrarte en determinados momentos de la vida, no puedes dejar de asumir que es imposible que puedas llegar a controlarlo todo. Es parte de la vida, y es parte de esa capacidad de gestión de tu liderazgo que, como empresario, habrás de asumir.

Más adelante ya hablaremos de cómo habrás de convertirte en líder y lo que ello implica; ahora es momento de centrar nuestra atención sobre esta dimensión más personal y familiar, que dista mucho de ser secundaria en todo esto de lo que estamos hablando.

Habrá momentos a lo largo de tu vida en los que, aunque tú realmente estés trabajando y esforzándote por conseguir tu objetivo, el viento soplará en tu contra en el plano familiar y personal. Como bien sabemos, todo el mundo pierde algún familiar, y existen enfermedades que pueden afectar a las personas que tenemos alrededor, o a uno mismo, y paralizan el ritmo que llevamos en nuestro día a día. Por supuesto, también hay discusiones, amor y desamor, y a nadie se nos escapa que educar a los hijos no está exento de sustos. En definitiva, no somos responsables de no poder evitar lo que es inevitable.

Pero sí somos responsables de que lo inevitable tenga el menor impacto posible en nuestra vida familiar.

Aquí os está hablando alguien que es un firme creyente en LA FAMILIA, en mayúsculas, y que por ello considera que se trata de un tema que merece un espacio particular y ser reconocido como capítulo clave en sí mismo; un capítulo como poco tan importante como cualquiera del resto del libro.

La estabilidad emocional con respecto a todos nuestros seres queridos es un factor clave y determinante para el éxito. Bajo mi experiencia, el poder disponer de ella te permitirá volar mucho más alto y mucho más rápido.

En este campo, nos asalta una pregunta lógica: ¿qué podemos hacer si estamos viviendo una etapa de problemas familiares que, a su vez, nos genera nuevos problemas en el resto de ámbitos de nuestra vida?

Está claro que cualquier empresario debe diferenciar muy bien aquellas acciones que son importantes, urgentes o ambas cosas, y todo tema familiar, desde mi modo de ver, es importante y urgente. Por tanto, el consejo que os puedo y debo dar en este sentido es que pongáis siempre las mejores de vuestras capacidades y todo vuestro empeño en que todo lo que afecte de manera importante en este terreno familiar se resuelva.

La familia no es que sea UN tesoro, la familia es EL tesoro. Y todo, creo, debe girar en torno a ella. Me voy a permitir concluir con algo que creo que puede ayudarte que remarquemos: conseguir la libertad financiera y ese éxito profesional que hemos marcado como objetivos de este recorrido no son realmente el fin. El verdadero fin es la familia.

Y por último... ***inspírate.***

33

Ten actitud de deportista ante el fracaso

Nuestro cuerpo realiza diferentes actos reflejos como el respirar o como pestañear. No es algo en lo que tengamos que concentrarnos para llevarlo a cabo, simplemente sucede.

Hay también muchas reacciones que tenemos tan interiorizadas que somos capaces de aplicarlas en décimas de segundo. Es realmente impresionante lo rápido que puede llegar a ser nuestro pie a la hora pisar el freno cuando un riesgo imprevisto aparece delante de nuestro coche. No es una decisión, es una reacción casi automática.

Os preguntaréis por qué os estoy hablando de los actos reflejos. Tiene mucho que ver con lo que yo aprecio en los deportistas de élite. Siempre me ha dejado totalmente admirado la capacidad de la mente de estos deportistas para ser capaces de, justo después de sufrir una derrota o un fracaso, pensar automáticamente en el próximo partido. Yo pienso que igual que como nos sucede con el pedal del freno en el coche, no se trata de una decisión, sino de una reacción. Ante la derrota, los deportistas ponen inmediatamente en práctica un proceso cuyo primer paso consiste en armarse para la siguiente ocasión que tendrán para demostrar que esta vez sí que van a ganar.

No se puede llegar a lo más alto en un deporte sin saber interpretar una derrota y un fracaso. Es imposible.

Quizá algunos veáis a un deportista de élite como meramente un cuerpo entrenado para ejercer físicamente una serie de movimientos con un reglamento de fondo que le permita realizarlos mejor que el resto, obteniendo con ello la victoria. Esa visión se queda corta. Lo más valioso que un deportista de élite puede tener es una mente preparada para ganar y, por extensión, también una mente preparada y educada para saber perder y encajar el fracaso.

Un empresario, una persona que decida emprender, alguien que aspire a estar por encima de la media en el ámbito profesional, tiene muchos parecidos con un deportista de élite. Debe marcarse retos, entrenar duro, sacrificarse... Y si en un deportista tendemos a ver primero su excelencia en el plano físico, y no vemos tan inmediatamente la importancia del plano mental, en un empresario de éxito podemos correr el mismo riesgo, pero al revés.

Tan importante es para un empresario su preparación mental como su preparación física. Ser emprendedor se podría considerar un deporte extremo, donde los retos y los objetivos, igual que en el deporte, te los marcas tú mismo.

Por todo esto tengo una gran admiración por todos aquellos deportistas que consiguen llegar a lo más alto, superando adversidades en sus vidas exactamente iguales que las que tendréis que superar algún día cada uno de vosotros para luchar por el reto del emprendimiento y la libertad financiera.

Por supuesto que también ellos tienen problemas de salud, y familiares, y de amor... Cuando hablo de los fracasos, no me refiero solo a los fracasos de los deportistas en el puro ámbito deportivo, ya que todos cosechamos fracasos en otros ámbitos de nuestras vidas.

Es fundamental encajar los fracasos, saber cómo resolver las adversidades, e inmediatamente pensar en el siguiente minuto, o en el siguiente día, donde tendremos una magnífica oportunidad para enderezar lo que antes se nos ha torcido.

Y por último... ***toma nota.***

34

Aprende a tratar el miedo

En las conferencias que imparto en congresos y foros para empresarios y emprendedores, siempre suele haber algún *coach* que habla de la importancia que tiene, a la hora de emprender nuestra aventura, el hacerlo sin miedo.

Aquel no suele ser el lugar y el momento idóneos para manifestar que yo en realidad no puedo estar en más desacuerdo con ese consejo. El miedo en un empresario debe existir. El miedo es un anticipador de problemas. Lo importante no es no tener miedo; lo verdaderamente importante es saber convivir con él, saber interpretarlo, que no te atenace, y que no bloquee tu capacidad de reflexión y razonamiento.

Hay muchos indicadores que nos van a servir en nuestra aventura para poder identificar cuándo el miedo se está apoderando de nosotros. Puede ser la contracción de nuestro estómago, puede ser la ralentización mental, incluso se pueden llegar a tener temblores en algunas partes de nuestro cuerpo. Cada persona tiene unos indicadores distintos del miedo, así que, en el fondo, mucho más importante que conocer el mercado en el que vamos a trabajar es conocernos a nosotros mismos.

Cuando el miedo acecha, o ya cuando aparece frente a ti por un acontecimiento que se acerca, lo importante es no taparte los ojos. No se trata ignorarlo y decir: «con mi valentía puedo»; al contrario, lo importante es saber si está apareciendo porque han surgido ciertas dudas en tu cabeza. Cuando hay dudas, hay que buscar la fórmula de parar un poco, concentrarse, analizar, tomar decisiones y resolverlas.

El miedo en sí no es un problema. El problema es no saber gestionarlo adecuadamente. Pese a que en capítulos anteriores os he comentado como, a la hora de descansar, lo mejor es no darle vueltas a los problemas y concentrarse en dormir, también admito que no soy capaz de contabilizar cuántas noches me he despertado a las 4 de la mañana porque una nube repleta de dudas, y por ende de miedo, ha llegado a mí por algo que iba a suceder en los próximos días. Y eso puede convertirse en una noche de desvelo, lo cual significa que al día siguiente puedo salir con mi batería mental a un porcentaje inferior a ese 100 % necesario, con todo lo que ello conlleva en una jornada de intensidad máxima.

Dominar tu mente es la clave. Hay que saber cuándo quieres hacer cada cosa, tanto física como mentalmente. A mí me costó años aprender a hacer un ejercicio imprescindible: hay que saber reubicar y apartar una preocupación que en un momento dado tienes en tu cabeza a otro momento en el que sí que puedes prestarle toda la atención necesaria y todas tus capacidades para poder resolverla. Es difícil, pero creedme, se puede. Cuando esa preocupación entra en tu mente de madrugada, cógela, envuélvela, y decide la fecha y hora exacta en la que decidirás bajarla para ponerle solución definitiva. Tomada esa decisión, ya solo duerme.

En muchas ocasiones el mayor obstáculo y desafío al que se enfrenta un emprendedor no está en la búsqueda de financiación o de clientes. El mayor desafío es la gestión del miedo y la duda. Por eso, te invito encarecidamente a que no dejes nunca que el miedo se apodere de ti: sobreponte, decídete a actuar y supéralo. Hay pocos placeres mejores que aprender a dominarlo.

Y por último... ***una reflexión.***

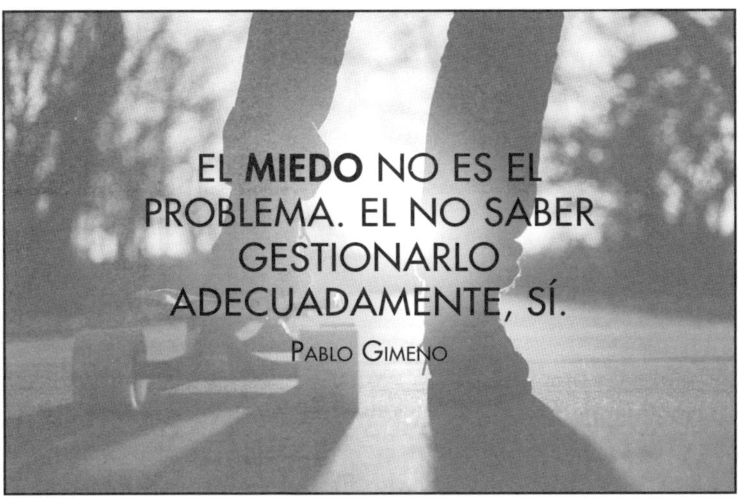

35
MANTÉN UNA ACTITUD DE ESPERA ANTE LOS PROBLEMAS

A lo largo de las últimas claves nos hemos visto inmersos en un territorio que no debemos esquivar: la gestión del lógico miedo, la posibilidad del fracaso, las adversidades... Quiero aportar algunos consejos con relación a cómo afrontar los problemas que inevitablemente vamos a padecer a lo largo del camino.

Seguramente os habrá pasado alguna vez que habéis recibido un golpe en alguna parte de vuestro cuerpo que os ha pillado desprevenidos, y en consecuencia lo habréis sentido con una mayor intensidad, precisamente porque no lo esperabais. Sin embargo, si hubierais podido preparar esa parte de vuestro cuerpo para el impacto, sin duda el sufrimiento y la reacción negativa se hubieran reducido.

En este capítulo quiero compartir con todos vosotros un aprendizaje de más de diez años como empresario que me ha permitido desarrollar cierta capacidad de resistencia para encajar algunos golpes, sustos o problemas que se producen en mi día a día.

Yo estimo fundamental, y de ahí que le esté dedicando un capítulo del presente libro, a la importancia que tiene el saber estar en actitud de espera ante los problemas. ¿Es realmente posible conseguir mantener esta actitud que te propongo en un mundo de cambios tan acelerados y en el que aparecen tantos imprevistos continuamente? La respuesta es rotundamente afirmativa.

Todos aquellos que hayáis tenido la valentía de lanzaros a encontrar la libertad financiera mediante la creación o desarrollo de un proyecto empresarial, de mayor o menor tamaño, debéis tener el suficiente grado de realismo como para saber que en ningún caso nuestro camino será siempre un camino de rosas. Habrá baches y alguna espina. De manera que, asumido esto, vamos a intentar descubrir algunos mecanismos que nos permitan estar preparados para cuando aparezcan los problemas y poder así hacerles frente de la mejor manera posible.

En los próximos capítulos veremos la importancia de ser positivo y de vivir la vida con optimismo; un optimismo que también habremos de traspasar a nuestro proyecto. Pero lo que no debemos obviar es la realidad: los problemas existen y llegarán.

Cuando diriges una empresa, todos los departamentos dependen de ti y cada departamento tiene una realidad y unas características distintas (recursos humanos, comercial, producción, financiero, etc.). La primera recomendación que os hago es hacer un pequeño listado, tanto por departamentos como a nivel general, donde anotaremos posibles problemas que puedan ocurrir en las próximas semanas o meses. Por ejemplo, la marcha de un empleado relevante en tu empresa o sufrir ciertos impagos de clientes.

Ponerle cara a los posibles problemas que puedan surgir te permitirá tener previsto un plan B para solucionarlo de una manera más ágil y rápida. Es algo parecido, en cierto modo, a cuando en los grandes edificios se realizan simulacros de incendios. Seguramente no ocurra nunca, pero si ocurre tenemos que estar preparados y saber qué hacer.

Tener la reacción prevista y detallada te aportará tranquilidad. Por supuesto, es imposible detallar una solución para cada problema, ya que hay muchos imprevistos que nos irán surgiendo por el camino que son inimaginables. En muchos casos, la realidad suele superar a la ficción. Pero simplemente el hecho de tener un listado y ser consciente de todo lo que puede ocurrir ya es una forma de estar en un estado de semialerta, o de preparación ante las dificultades que se producen en la vida de cualquier empresa.

Otra recomendación que quiero haceros con relación a todo esto es acerca de la importancia de tener tiempo libre para resolver un problema cuando aparezca. Me explico.

En el día a día se nos van acumulando tareas, recados, reuniones pendientes... Muchas de estas cosas son positivas y figuran en tu listado de tareas diarias, semanales o mensuales que tienes que ejecutar. Esto es lo normal, pero en el modo de afrontarlo mi recomendación es doble. En primer lugar, por supuesto es muy valioso el tener una visión clara y ordenada de todas y cada una de las tareas que tienes que hacer, tanto tú individualmente como tu equipo. Este orden mental te permitirá tener a golpe de vista cada una de las acciones y poder clasificarlas por orden de importancia y urgencia, algo que un empresario tiene que hacer constantemente.

Pero como os decía, aquí deposito una doble recomendación, y es que también es muy importante no tener excesivo trabajo acumulado, ya que el tiempo es el principal activo que debe saber gestionar todo empresario. El estar rodeado de excesivos recados, tareas o reuniones pendientes y hallarte al límite de tus posibilidades implica que, cuando aparezca uno de estos problemas, puedas no tener la capacidad o el tiempo necesarios para gestionarlo correctamente. Cuanto más orden estructural, mejor.

En definitiva, la actitud de espera de la que te vengo hablando es una cuestión de orden. Como se suele decir en el saber popular, no puedes estar a mil cosas secundarias y «dejar la casa sin barrer» en lo relevante. Por eso, es muy importante dedicar cada día un poquito a ir barriendo tu casa, de manera que la tengas siempre limpia y ordenada.

Y por último... ***una recomendación.***

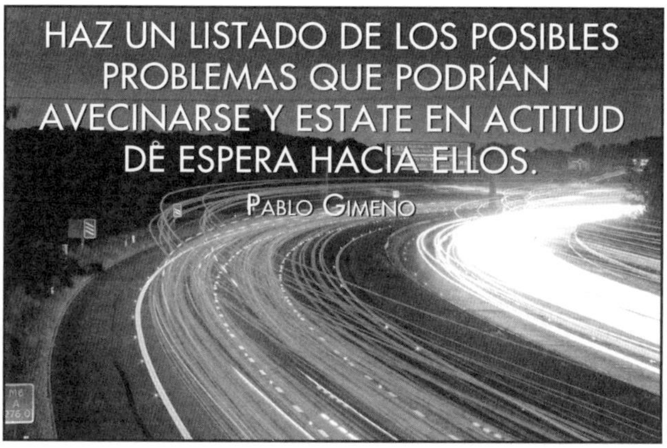

36
Sé más grande que tus problemas

Continuamos gestionando los problemas, y es que como todos sabemos hay días terribles, pero nosotros podemos, y debemos, estar por encima de ellos. Tenemos que aprender a ser grandes.

En Estados Unidos es mucho más habitual que en nuestro país identificar la palabra fracaso con connotaciones positivas en el sentido de que ese «fracaso» te permite obtener una lección y una sabiduría para ser capaz de analizar con buen criterio las razones de por qué se ha producido, además de darte las herramientas para prevenir que no vuelva a ocurrir.

Por eso, os voy a invitar a que en el presente capítulo le demos la vuelta a la palabra «problema» y la convirtamos en «oportunidad».

Cuando en el día a día de tu empresa se te acumulan varios problemas, existen momentos en los que uno puede llegar a bloquearse, e incluso, si son de máxima gravedad, pensar en tirar la toalla. Pero como vengo repitiendo, los problemas son parte del camino y no son en realidad sino retos que debemos ir superando para llegar a la meta.

No existe ningún gran triunfo cuyo camino no haya tenido algún problema, porque si no lo ha tenido, estate seguro de que entonces, en realidad, no ha sido un triunfo lo suficientemente grande. Obviamente, en el día a día debemos intentar padecer el menor número de problemas posible, pero una vez que ya los tenemos, hay que saber cómo reaccionar ante ellos.

Lo primero que debemos hacer es saber medir el nivel de gravedad de ese problema que tenemos delante. Si no medimos bien el tamaño de este, ya empezaremos ejecutando mal la solución del mismo.

Una vez hecho esto, debemos tener claro y concretar el cuándo, es decir, identificar y fijar el mejor momento para solucionar el problema. Porque los problemas no siempre hay que solucionarlos inmediatamente ni dejarse abrumar por ellos en cuanto nos irrumpen.

Existen determinados problemas que requieren de apenas un momento de concentración, y otros simplemente deben ser aplazados porque hay otras acciones más urgentes e importantes que debemos atender. Aplazar la solución a un problema no tiene que darnos vértigo. Solo debería asustarnos cuando ese aplazamiento no sea fruto del orden o de la previsión, o de un análisis correcto.

Otra cuestión importante a tener en cuenta es el cómo ha surgido ese problema; es decir, encontrar e identificar al responsable o responsables. Este análisis es muy importante para evitar futuros problemas y normalmente debe hacerse después de haber encontrado la solución.

Esto nos lleva a la siguiente decisión: el quién debe encargarse de solucionarlo. Parece que un empresario debe encargarse siempre de solucionar todos los problemas, pero esto no es así. Si hemos hecho las premisas anteriores correctamente, estaremos en disposición de delegar la responsabilidad de solucionarlo a la persona más adecuada.

Para poder elegir a esa persona vamos a tener que hablar del dónde. Con el dónde nos referiremos al hecho de identificar en qué departamento se ha producido dicho imprevisto y a qué nivel, lo cual nos conducirá a identificar e involucrar a personas diversas con responsabilidades y consecuencias distintas.

Sé que a alguno de vosotros le parecerán muy bien estas premisas, pero se preguntará qué hacer cuando la bola de nieve creada por el problema se ha hecho ya tan grande que parece no tener solución. Este punto es crucial, porque aquí es donde reside el gran reto y la gran virtud que debe tener un líder. Es en este momento cuando hay que hacer valer la verdadera energía del líder, mostrar fortaleza y crecer.

Debes hacerte más grande que tu problema. Nunca existe un problema demasiado grande, todo se puede solucionar.

Y queridos amigos: en el caso de que existiera un problema que no se puede resolver... ¿para qué preocuparse si no tiene solución?

Y por último... ***un consejo de experto.***

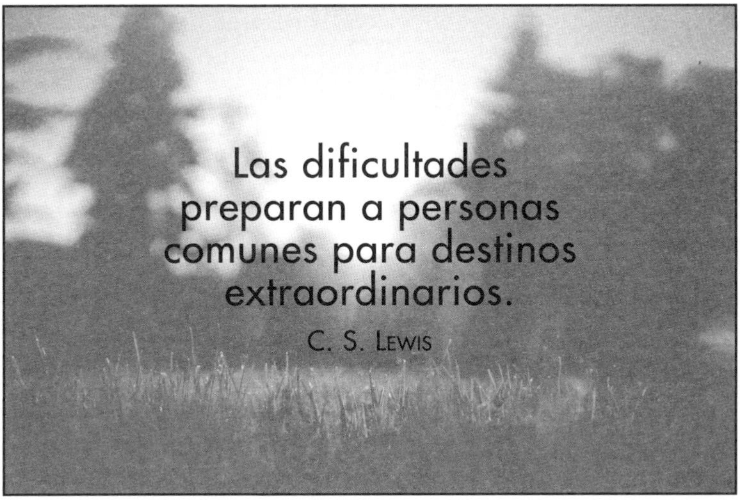

37
La resistencia al dolor

Todavía quiero seguir preparándote para afrontar los problemas durante una clave más. Para ello quiero aludir a un concepto claramente relacionado con el de los problemas: el dolor. Mejor dicho, son dos los conceptos que quiero traer aquí, pues al de dolor añado yo el de resistencia, una actitud muy conveniente cuando nos referimos a estas cuestiones.

La resistencia, tal y como la define la Real Academia Española de la Lengua, es la capacidad humana de asumir con flexibilidad situaciones límite y sobreponerse a ellas.

Yo lo que deseo aquí es invitaros a que seáis personas resistentes y que, aunque paséis por situaciones realmente difíciles que os lleven al límite, sepáis sobreponeros y salir fortalecidos.

Existen dos tipos de dolor, el dolor físico y el dolor emocional, y es un auténtico reto para cada uno de nosotros encontrar dónde tenemos nuestros niveles de resistencia a los que podemos llegar soportando el dolor de uno y otro tipo.

En el ámbito empresarial debemos hablar fundamentalmente de la resistencia al dolor mental, al agotamiento, al cansancio, a la presión... Pero dolor mental y dolor físico guardan relación. Para poder entender las características propias de este tipo de dolor que afecta principalmente al empresario, voy a empezar contándoos una experiencia personal que me permitió encontrar cuál era mi propio umbral de resistencia al dolor físico.

Todos hemos tenido alguna vez algún accidente cotidiano, lesiones o enfermedades. Alguna de esas experiencias, como todos, yo ya las había experimentado y creía saber ya cuál era mi límite y mi resistencia. Sin embargo, hace dos años, jugando al pádel tuve la mala fortuna de tener una lesión de ligamento cruzado en mi rodilla derecha. Tuvieron que operarme y parecía que todo iba muy bien hasta que comprobé el tipo de rehabilitación que me esperaba hacer durante los tres meses siguientes.

No sé si alguno de vosotros habréis sufrido esta lesión, pero creedme cuando os digo que la rehabilitación es realmente dolorosa.

Cada día tenía que ir a ver a un fisioterapeuta para que el tendón del que me habían operado ganara la elasticidad necesaria para poder volver a andar con normalidad. Lo que debía hacer era en principio muy sencillo: tumbado boca abajo tenía que, poco a poco, conseguir doblar por completo mi rodilla, que al principio no podía doblarse siquiera un grado. Cada día el fisioterapeuta, durante una hora, avanzaba dos grados más que el día anterior. El dolor que tenía que soportar cada día era cercano al desmayo. Pero por más que le repetía que no podía aguantarlo más, él me decía que, como tantos otros antes que yo, me equivocaba, y me convencía de que sí podría soportarlo, y de que tenía que continuar adelante. Efectivamente tenía razón.

Esta experiencia que viví me permitió conocer mi cuerpo y tener mucha más perspectiva de lo que era capaz de soportar. Y aún cogía más perspectiva cuando el fisioterapeuta me repetía en cada sesión que todavía había otras rehabilitaciones más dolorosas que la mía. De manera que, si otros lo habían aguantado, ¿cómo no iba a poder hacerlo yo?

A todos aquellos que estéis leyéndome y ya tengáis una empresa en funcionamiento os pregunto: ¿sabéis cuál es vuestra máxima capacidad de resistencia ante sensaciones como la presión, el agotamiento, el dolor de saber que te has equivocado o que has fracasado, el dolor de no cumplir con lo prometido o el sufrimiento que supone recibir una crítica dura después de haber puesto lo mejor que hay en ti? Yo podría enumerar decenas de experiencias que te dejan un sabor muy agrio en la boca, pero que inevitablemente hay que probar y saber pasar cuando tienes tu propia empresa.

Pero como hago continuamente, os quiero transmitir una vez más un mensaje de positividad: la resistencia al dolor, como todo en la vida, se entrena. Un corredor de fondo, a base de entrenamientos, es capaz de batir sus registros. La memoria, como alguien me dijo una vez, es como un músculo que cuanto más se ejercita, más se desarrolla. En esta línea podemos también entrenar nuestra resistencia al dolor.

Para mí, una de las frases más tristes y más desesperantes que existen, y además completamente falsa, es la de «no puedo más». Resulta llamativo, y una auténtica lástima, que en nuestro día a día la tengamos que oír tanto. Yo te invitaría sinceramente a que la eliminaras de tu vocabulario. Igual que hay palabrotas que no puedes decir al lado de un niño, hay expresiones como esa que no debes pronunciar por mucho que te aparezcan diferentes imprevistos y contrariedades que alteren tus planes.

Si tú tienes este libro entre tus manos es porque estás buscando un reto que, como ya estás comprobando, requiere de ciertas capacidades; un reto que no está al alcance de cualquiera. Ojalá algún día os pueda contar en mayor profundidad algunos de los problemas que hemos tenido en nuestra empresa que, lejos de hundirnos, supusieron una salida en dirección a una gran oportunidad.

Pero los problemas generan cambios, y los cambios a veces son necesarios. No pierdas de vista esto. Y no olvides tampoco que cualquier problema se puede solucionar; solo hace falta ingenio y concentración, así como decisión y confianza.

Y por último... ***una recomendación.***

38

Ten decisión y confianza. Cree en tu éxito

Tener una empresa es una oportunidad para aprender diez veces más, y mucho más rápido, que quien no la tiene.

Ahora bien, todo aquel que piense que montar una empresa, ser empresario, internacionalizarse y tener mil empleados implica pasar por el autoconvencimiento de que te lo sabes todo, se está equivocando por completo.

Una cosa es tener las virtudes necesarias de la decisión y la confianza (que son de las que quiero hablarte a continuación), y otra muy diferente es pensar que te las sabes todas.

Con la humildad que todavía debemos mostrar de ser conscientes de que nos queda mucho que aprender en el trayecto, y siempre con predisposición plena y total, lo que yo te quiero transmitir es que no deja de ser también totalmente necesario que incorpores las citadas capacidades de tener decisión y confianza en ti mismo para tu camino diario.

Imagino que ya sabrás que una de las competencias clave en la mayor parte de profesionales es la toma de decisiones. Muy especialmente en el perfil de un líder. Liderar un proyecto significa tomar decisiones, porque la última palabra siempre recae sobre la persona con mayor responsabilidad, y esa persona, en este caso, eres tú.

Como decíamos unas páginas más atrás, las situaciones de bloqueo pueden llegar en ocasiones: esos momentos en los que te cueste más trabajo tomar una decisión o encontrar la solución al problema. En esos casos, no estás tomando decisiones, y por tanto no estás dando una respuesta a lo que la vida o el trabajo te están poniendo delante.

A menudo este bloqueo puede venir como consecuencia precisamente de una falta de confianza. Podemos decir que la autoconfianza, o la confianza en uno mismo, es la expresión del amor que nos tenemos a nosotros como personas. Cuando no confiamos en nosotros mismos, no nos estamos amando, valorando ni respetando.

Es decir, la toma de decisiones y la confianza son factores íntimamente relacionados, y lo primero debe suceder como consecuencia de lo segundo.

Para poder tomar decisiones de una manera correcta y positiva, es necesario que transmitas confianza a tu equipo, y para transmitir confianza a los demás, lo primero es que la atesores tú mismo. La confianza es un factor clave para la mayor parte de nuestros éxitos en nuestros entornos profesional y personal.

Supongo que no encuentras mayor motivo de discusión o debate en todo esto que te acabo de decir, y que nos hallamos en este sentido de acuerdo y en sintonía. Sin embargo, creo que debo empujarte un poco más en este terreno, y decirte que la clave para acertar con esa confianza y decisión que necesitas está en que aunque vayas a tener tú la última palabra, desarrolles las máximas capacidades posibles para saber escuchar a los que te rodean.

Tan importante es saber rodearse de las personas adecuadas que pueden aportarte valor para decidir correctamente, como concederles la palabra y saber escucharles.

Lo que de verdad es de ignorantes es pensar que una sola mente razona mejor que cinco mentes juntas. Las decisiones importantes es necesario que sean analizadas, tratadas y debatidas. En caso de que tengas alguna duda y que tu intuición te diga que el índice de riesgo es mayor al normal, busca asesoramiento, déjate aconsejar, escucha otras referencias u opiniones, y busca información.

Pero una vez hayas hecho la labor de análisis, no lo olvides: actúa con autoconfianza y decisión.

Y por último... ***un poco de humor.***

39

CONVENCE Y CONVÉNCETE DE QUE ERES EL MEJOR

A menudo no somos conscientes del enorme poder de nuestra mente, y por eso muy pocos llegan realmente a descubrir y ser capaces de emplear plenamente su verdadero potencial.

Si yo te preguntase cuánto crees que puede llegar a influir tu propia mente en tu vida, ¿crees que sabrías contestarme? Porque lo cierto es que la respuesta es en realidad muy simple: nuestra mente, nuestro pensamiento, prácticamente afecta a toda nuestra vida, en su globalidad, incluso en aquellos sucesos que consideramos que son externos a nosotros. Nuestra mente influye en cómo analizamos y reaccionamos ante las cosas que nos ocurren. Aprender a controlar y manejar tu mente para sacarle el máximo partido es como cuando un piloto de Fórmula 1 es capaz de dominar su coche para obtener sus máximos rendimientos. Solo hay una diferencia: la mente es mucho más potente que un coche de Fórmula 1.

Cada pensamiento que tenemos produce una actitud, un punto de vista, y forma un criterio determinado. Todo aquello que produce nuestro pensamiento provoca, a su vez, continuamente, unas acciones correspondientes. Cada acción que llevamos a cabo tiene su correspondiente consecuencia o resultado. Sobre esto tratamos en este capítulo:

Nuestra mente y nuestros pensamientos producen acciones en un sentido u otro.

Es muy importante que seamos conscientes de este hecho, ya que solo si somos realmente conocedores de esto, sabremos cómo aprovechar el potencial de nuestra mente para conseguir alcanzar el éxito. Alcanzar la libertad financiera requerirá del uso de tu mente en su mejor versión.

Si conseguimos instalar en nuestra mente determinados pensamientos y mensajes positivos, estaremos acercándonos a la obtención de aquellos resultados que nos hemos planteado en este libro. O, por el contrario, si en nuestra mente no dejamos de escuchar la frase: «nunca conseguiré poder jubilarme antes de los 50», o «yo no valgo para esto», o «no voy a ser capaz», nunca podremos llegar a conseguir nada. Como os decía, el poder de nuestra mente es inimaginable.

Una vez que conoces la importancia de instalar ciertos mensajes y pensamientos positivos en tu mente, has de saber que las declaraciones tienen también un poder muy grande sobre nuestra actitud. Al hacer una declaración en voz alta, estás enviando un mensaje con más fuerza a nuestro cerebro, mucho más que si únicamente lo piensas de forma tímida. No hay ningún circuito más complejo que el de tu mente. Explórala, investiga y ponla a prueba para aprender a dominar tus pensamientos.

Es decir, que si además de desterrar de nuestra mente los pensamientos negativos y cultivar los positivos, eres capaz de hacer una declaración firme y afirmarlo en voz alta, estarás acelerando el proceso y la idea que le llega a tu cerebro.

Por todo ello, te invito a que te coloques delante de un espejo alguna mañana, te mires fijamente a los ojos y afirmes en voz alta que eres el mejor para llevar a cabo la tarea y misión que persigues. Cuantas más veces hagas esta declaración, con más fuerza llegará a tu cerebro y más repercutirá en tus acciones diarias.

Me gustaría terminar este capítulo con una conocida frase de Swami Sivananda:

> «Cualquier cosa en la que pienses intensamente terminará materializándose y llevándose a efecto».

Y por último... ***toma nota.***

40
Piensa en grande

Este libro no pretende ser un manual para mejorar la productividad de una fábrica de bienes. Tampoco estamos hablando de maquinaria especializada, ni de fórmulas de producción en cadena que permitan aumentar la rentabilidad de una empresa. En este libro estamos hablando de que la empresa eres tú mismo.

Por tanto, aquí no se trata de alcanzar un objetivo empresarial, de lo que se trata es de alcanzar un objetivo **personal.**

Ese objetivo personal es, como reza el título de este libro, el de poder jubilarte antes de los 50 años, aunque a estas alturas ya sabemos que detrás de esa idea motor hay toda una serie de objetivos que se resumen en «poder elegir» qué hacer cada día con tu tiempo.

Poder elegir es el más grande de los objetivos personales que uno se puede plantear, y en eso consiste, precisamente, la actitud de pensar en grande.

Efectivamente, aquí estamos hablando de ti como persona, de cómo conseguir tu mejor versión y de cómo, para conseguir tu mejor versión, hay una máquina que es la que tienes que ser capaz de tener engrasada y lista en todo momento en su mejor versión de funcionamiento. Esa máquina no es otra que tu cerebro, tu mente, tal y como ya te anticipaba en la clave anterior. La fuerza y el poder que tiene una mente no la tiene ningún otro instrumento que haya creado el hombre.

Con este capítulo pretendo guiarte para que, según vayas cumpliendo con este «recetario» o guía, lleves a tu mente a pensar en grande. Pero ten claro que pensar en grande no puede ser una mera frase que apuntes en un papel y que, de vez en cuando, esporádicamente, te venga a la cabeza. Pensar en grande es una acción y un compromiso contigo mismo que debe entrenarse.

Y por supuesto, hay que analizar lo que conlleva. ¿Qué quiere decir que uno mismo piense en grande?

Pensar en grande es coger perspectiva, alejarse de las cosas y tareas del día a día, e imaginar un plazo de tiempo en el futuro en el que algo, una situación, tendrá un determinado tamaño o forma.

Cuando hablamos de pensar en grande hablamos de imaginarnos aquello a lo que queremos llegar, y por tanto debemos de planificar nuestro camino desde lo más general a lo particular para lograrlo.

Pensar en grande no implica pensar sin miedo. No se puede pensar en grande sin estar dispuesto a arriesgar y asumir que tienes por delante un camino lleno de tropiezos, de fracasos o de sustos. Debes dar por hecho que estos elementos también estarán y formarán parte del recorrido.

Concretemos: ¿de qué nos sirve pensar en grande?

Estamos hablando de un objetivo que persigue toda la población desde el primer día en el que se tiene consciencia de uno mismo, y que es el poder vivir lo mejor posible. Por ser capaz de vivir lo mejor posible, a lo que me estoy refiriendo es a poder elegir el tiempo y el esfuerzo que quieres dedicar cada uno de tus días a trabajar.

Pensar en grande consiste en enfrentarse y mirar directamente a los ojos a la palabra éxito.

Pensar en grande consiste en interpretar cuál es el cuadro global que quieres dibujar de tu vida profesional. Desde el primer día que sacas el pincel y haces el primer esbozo, debes identificar qué cuadro quieres hacer y también el tamaño de la obra a la que aspiras. Pero no tengas miedo en pensar en pintar un proyecto grande, entiendas como tú entiendas esa grandeza.

Porque pensar en grande no siempre es un sinónimo de tamaño: grande puede ser profundo, puede ser intenso, o pueden ser otras muchas virtudes que rodeen a la acción que quieres llevar a cabo para conseguir el objetivo que perseguimos.

Recuerdo la primera vez que en el colegio nos hicieron escribir a toda la clase nuestra primera poesía para una especie de periódico que estábamos elaborando entre todos. Al terminar la poesía nos veíamos obligados a explicar qué queríamos ser de mayores. Todavía hoy guardo aquel documento con mi foto de entonces.

Con tan solo ocho años, ya dejé marcado que lo que me gustaría era ser director de empresa. Recuerdo perfectamente la cara de asombro de mi profesora, doña Encarnita, cuando al recibir mi poesía me preguntó qué tipo de empresa quería dirigir, y escuchó mi respuesta: el tipo de empresa debía de ser grande.

En definitiva, lo que podemos concluir es que no debe asustarnos el hecho de pensar en grande en nuestra vida, ya que siempre estaremos a tiempo, si así lo queremos, de reducir el tamaño de nuestra creación.

Y por último... ***toma nota.***

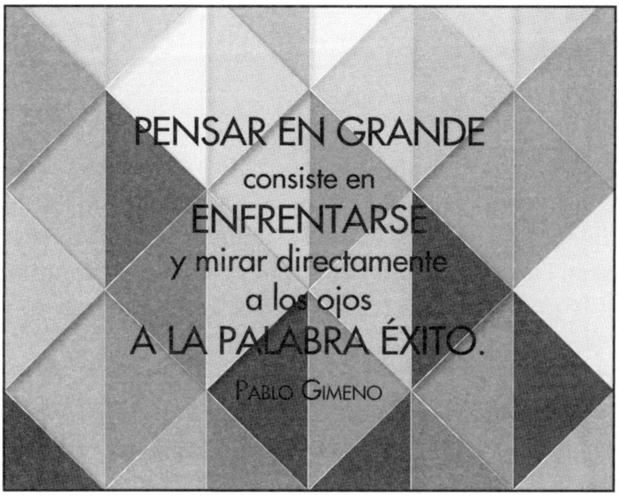

41
Aléjate de quejicas

Todos nos hacemos una idea, porque todos los hemos padecido alguna vez a nuestro alrededor, de lo que es una persona quejica. Por ponerlo sobre la mesa: por quejica vamos a identificar a aquella persona que pone de manifiesto de manera constante todos los problemas que existen a su alrededor.

Pero también podríamos analizar la palabra «quejica» de una manera más formal, sin un componente tan peyorativo, como aquel que simple y llanamente tiene quejas. Y, al fin y al cabo, una queja no es sino una manifestación sobre un hecho negativo o injusto que te está sucediendo a ti mismo o que estás viéndolo en tu entorno. En este sentido, por supuesto que el derecho a quejarse existe, puesto que todos tenemos problemas, y puesto que todos tenemos problemas, todos tenemos que decidir cuánto y de qué forma queremos quejarnos por cada cosa negativa que nos ocurre.

El matiz reside en la actitud, en ese «estar constantemente quejándonos de los problemas», y no por casualidad la palabra quejica ha terminado adoptando todo ese valor negativo.

Desde mi punto de vista, en líneas generales, a lo largo de una vida todos sufrimos, en mayor o menor medida, una serie de problemas relativamente parecidos: todos tenemos unos padres que enferman, nos enfrentamos a problemas de salud con nuestros hijos, con nuestros familiares, o propios. Pero no todos los problemas están vinculados a la salud, podemos tener problemas vinculados a males de amor o, en muchos casos, se suceden problemas por crisis económicas que nos pueden acompañar a lo largo de la vida. Los hay de muchos tipos y todos nos influirán de una manera u otra.

El cómo afrontar estos problemas, que antes o después acabaremos pasando casi todos, es lo que hace que una persona se convierta o no en un quejica. Mi opinión es que para poder triunfar en el objetivo que nos ocupa, es importante intentar huir de esta clase de personas que piensan en negativo constantemente y, no solo eso, que terminan por atraer otros problemas. Mi experiencia me dice que el negativismo atrae a la mala suerte. Aunque en otro contexto, dice la Biblia: «por los que le rodean, le conoceréis». Creo que, en el caso de emprender, un poco también se puede aplicar.

Hablando de la suerte, no sé si habréis oído la frase:

> «Soy un firme creyente de la suerte y he descubierto que cuanto más trabajo, más suerte tengo».

Se trata de una frase que viene a decirnos algo así como que el trabajo atrae la buena suerte, y eso es algo que yo siento como totalmente real. Y precisamente esta idea de la importancia de crearte tu propia suerte me la voy a reservar para la última de las claves que te estoy presentando.

La cuestión aquí es que, y creo que estaréis de acuerdo conmigo, las quejas y el negativismo ayudan poco a alcanzar cualquiera de los objetivos que uno se propone en emprendimiento, en la inversión o en el ámbito profesional.

Cuando tenía alrededor de los 18 años, una o dos veces al año hacía un plan especial con mi pandilla de 15 o 20 amigos, consistente en ir al casino a cenar y luego a jugar a la ruleta. Normalmente nos uníamos entre dos o tres personas para hacer apuestas en común y jugar con los escasos ahorros que por aquel entonces podíamos arriesgar. He de decir que tampoco nos arriesgábamos mucho, hacíamos apuestas muy básicas y muy pequeñas, solíamos jugar a rojo o negro, par o impar. También recuerdo la cara de emoción y positivismo de la mayoría cuando entrábamos, aunque asimismo me viene a la cabeza algún buen amigo algo «plomizo» que nada más entrar me dijo:

> «Estoy seguro de que hoy vamos a perder, y lo peor, que cuando salgamos va hacer un frío que va a pelar».

Pues bien, pude constatar después de las cinco o seis veces que fuimos a dicho casino que los beneficios de quien a él se unían estaban directamente vinculados a su negativismo. Perdían más que los otros.

Lo mismo pasa en otros ámbitos de la vida, y en particular en el ámbito económico del que estamos hablando en el libro. No voy a hablarte de la teoría de la selección de proyectos de inversión, ni de los compañeros, profesionales o socios de los que deberías rodearte cuando vayas a montar tu negocio, pero sí te diré que influirá mucho en tu suerte la capacidad que tengan para afrontar los problemas, o el ratio de comentarios negativos o quejicas que hagan. Ten claro que esta elección influirá, en mayor o menor medida, en el resultado de los objetivos que en conjunto os propongáis. Rodearse de cenizos contagia.

Creo que no hace falta que sea yo la persona que os dé algunas pistas sobre cómo identificar a estos quejicas. Hay detalles muy simples que te pueden permitir saber de qué pie cojea cada ser humano que se te acerca. Os pondré un ejemplo muy claro: hay vecinos con los que te cruzas por la calle a los que uno suele dar los buenos días o las buenas noches; entre ellos, hay personas que te lo dan con una sonrisa pero, por el contrario, hay otros que te lo dan con un gesto en la cara como si les debieras dinero. Claramente son los primeros los que nos interesan y los segundos los que deberíamos de evitar mezclar en nuestros proyectos, sean estos cuales sean.

Las facciones y gestos de la cara de una persona pueden transmitir mucha información; hay personas que mientras hablan su cara transmite positividad, ya sea por el arqueo de las cejas o por las arrugas de su cara al sonreír. Por el contrario, hay gente que de tanto ver todo gris adquiere en las formas de sus párpados formas que transmiten su falta de alegría y energía.

Por todo esto, os recomiendo que intentéis alejaros en vuestros proyectos profesionales de personas que se quejan continuamente de todo. Es más, muéstrate atento y amable cuando la persona expresa cosas positivas, haciéndole sentir que te importa lo que dice, puesto que de este modo aumentarás la probabilidad de que diga más cosas positivas que negativas.

Y por último... ***una recomendación.***

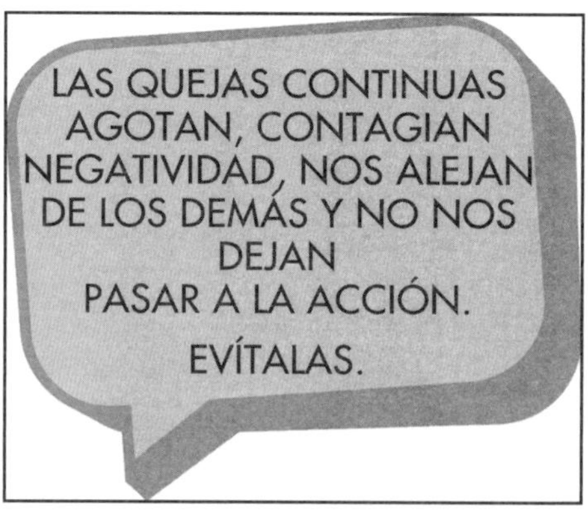

42
Rodéate de personas positivas

La anterior clave recibe su lógico y necesario complemento con la presente. Aléjate de quejicas y rodéate de personas positivas.

Aunque yo no soy muy partidario de gastar muchas horas de mi vida en ver películas y vídeos, sí os reconoceré que, evidentemente, de vez en cuando alguna película sí que veo. Me gustan las películas con las que aprendo algo o que me inspiran en mi vida real, aunque en alguna ocasión también veo alguna película histórica sobre batallas o guerras que se han dado en el pasado, ya que conocer el pasado también me aporta perspectiva para afrontar el futuro.

En estas películas donde un batallón se pone en frente del otro y preparan sus cañones para disparar, suelen decir aquella famosa frase de «preparen, apunten y disparen». Yo quiero darle la vuelta a esa frase, y os diré que en la vida a veces hay que ser tan positivo y atrevido como para poder decirla en otro orden: preparen, disparen y luego apunten.

Me explico: con esto simplemente lo que quiero decir es que hay que tener confianza en uno mismo y en que la suerte, gracias al trabajo duro, vendrá de nuestro lado para sacar algunos proyectos adelante, ya que hay veces que si pensamos demasiado las consecuencias de alguno de estos proyectos que tenemos en mente, probablemente no nos atreveremos a hacerlo.

Tan importante es ser positivo a la hora de afrontar un reto como el mero hecho de que en este libro nos estemos planteando el hecho de que esas personas que nos ayuden a conseguirlo tengan la misma filosofía enérgica y positiva que nosotros, ya que eso es algo que nos hará falta para ser capaces de afrontar y desarrollar con éxito cualquier proyecto.

Cuatro personas positivas sentadas en una mesa son capaces de hacer emanar mil veces más positivismo que una sola, e infinita energía más que cuatro personas que por costumbre sean negativas ante los retos que en el día a día se nos plantean.

Se suele decir que: «al que a buen árbol se arrima, buena sombra le cobija» y, como muestra de tal afirmación, os resumiré mi experiencia a bordo de uno de los primeros proyectos empresariales que fui capaz de sacar adelante hace unos ocho años.

Nunca en mi vida había organizado un evento y, siguiendo la premisa de anteriores capítulos, decidí organizar un evento llamado «Las Galas del Deporte», aplicando esa máxima de la que os hablaba consistente en pensar en grande. «Las Galas del Deporte» era un evento que pretendía unir a cinco grandes ciudades para promocionar el deporte y premiar a los deportistas que habían llegado a lo más alto. Para poder llevarlo a cabo tenía que conseguir cinco ayuntamientos que estuvieran dispuestos a financiarlo, una docena de patrocinadores y que cerca de 5.000 personas acudieran a tal evento. El problema residía en que cuando acudía a los ayuntamientos, estos me preguntaban quiénes eran los patrocinadores que habían aceptado la propuesta, y a su vez, cuando visitaba a los patrocinadores estos me preguntaban cuáles eran los ayuntamientos con los que había firmado. Es decir, se creaba un círculo vicioso por el hecho de que, como ninguno había dicho que sí antes, tampoco los otros se atrevían a sumarse a la iniciativa.

Recuerdo el gran reto que fue para el equipo de personas que nos juntamos el poder llevar a cabo aquella iniciativa, el ser capaces de convencer a todas las partes de que todo lo que sobre aquel papel plasmábamos, pese a no tener firmado nada, podía entenderse como una realidad y que, si firmaban, todo saldría bien.

Esta seguridad y confianza en nosotros mismos, y esa manera de entender y defender que el proyecto saldría bien, hizo que todas las partes implicadas y necesarias para llevar a cabo esta iniciativa accedieran a participar en la misma. Recuerdo perfectamente la ejecución y el resultado de aquel evento, y os tengo que confirmar que, no solo cumplió con las expectativas, sino que la repercusión y los objetivos logrados fueron el doble de lo esperado. La repercusión del mismo llegó a los principales medios de comunicación de este país, la afluencia de público se duplicó, las marcas que patrocinaron el evento obtuvieron una rentabilidad que multiplicaba lo esperado, los ayuntamientos quedaron extraordinariamente satisfechos y nosotros conseguimos hacer nuestro primer gran proyecto de los muchos que se sucedieron en los siguientes años.

Por eso, y con este ejemplo personal quería ilustrarlo, debo invitarte a que intentes rodearte en la mayor medida posible de personas positivas, ya que estas personas que fomentan las emociones positivas permiten el florecimiento de los individuos y, desde ese momento, el aporte que la gente realiza en su entorno se incrementa notablemente.

Y por último... ***toma nota.***

43
La importancia del optimismo

¿Eres de los que ve el vaso medio lleno o medio vacío?

Las últimas claves que te estoy proporcionando tienen un espíritu común: creer en tu éxito, afirmar que eres el mejor, pensar en grande, alejarte de quejicas y rodearte de personas positivas; son todas ellas piezas imprescindibles en una actitud vital optimista.

Se trata de un recorrido actitudinal lleno de coherencia: si desde el principio crees en tu éxito y te declaras a ti mismo que eres el mejor para el propósito que persigues, permitiendo que la idea se afiance con fuerza en tu cerebro, ello repercutirá en tus acciones diarias y en los efectos de las mismas; y si además te rodeas de las personas positivas adecuadas, ese positivismo se hará contagioso y hará que tu mirada vea siempre el vaso medio lleno.

Esa es la mirada optimista, y es una disposición que, debo decirte, tienes que adoptar si quieres recorrer con éxito el camino que te estoy proponiendo. Existen numerosos estudios que demuestran que las personas optimistas tienen muchas más posibilidades de alcanzar el éxito, y que el optimismo no es ya solo un pensamiento, sino que se trata de una predisposición a que las cosas salgan bien.

Porque a nadie se nos escapa que, en la vida, los vasos muchas veces no están llenos. Por eso es tan importante cómo lo mires tú: el vaso es el mismo, pero la forma en que puedes aprovechar su contenido es muy diferente si lo tomas como medio lleno o como medio vacío.

Hay personas que ante situaciones complicadas parece que solo ven lo negativo y no aprecian que también existe un lado bueno en esa misma realidad. En cambio, una persona optimista es la que, aunque las cosas no sean perfectas, persiste en alcanzar su objetivo y no se rinde ante las dificultades que se encuentra en el camino. No se trata de negar los problemas, de hecho hay que reconocerlos, pero también hay que ser capaces de extraer el lado positivo.

Dice el empresario Emilio Duró que siempre pensamos en la avispa que nos ha picado, pero no pensamos en las 500.000 que no lo hicieron.

Por todo esto, yo soy de los que responden a la pregunta inicial de forma muy categórica: el vaso siempre hay que verlo medio lleno. El optimismo en la vida y la ilusión por lo que hacemos son pilares muy importantes para seguir adelante. Y añado un tercer pilar, el combustible necesario para ese optimismo: la pasión.

Y por último... ***un consejo de experto.***

44
Sé apasionado

Seguramente, querido lector, por lo menos una vez en tu vida habrás estado completamente enamorado. ¿Recuerdas esa sensación? ¿Has notado alguna vez esa presión en el pecho simplemente por una mirada? Fíjate que ni tan siquiera te estoy hablando del contacto físico; me es suficiente para lo que me estoy refiriendo con simplemente la sensación que se experimenta con una mirada. ¡Qué momento tan vibrante y qué increíble es la sensación que puede producir en todo tu cuerpo estar enamorado!

La pasión es algo tan intenso que no es fácil explicarla con palabras, y «apasionarse» es en el fondo algo muy serio e importante. Por eso, apasionarte con lo que haces es una máxima muchas veces repetida pero que, no obstante, la mayoría de la gente dice sin pensar mucho en la profundidad del término.

Sin embargo, yo os puedo asegurar que estar realmente apasionado con algo es de las mejores cosas que te pueden pasar en la vida. De hecho, creo que, si no fuéramos capaces de apasionarnos con nada, esta vida simplemente no merecería la pena.

En este capítulo quiero hablaros por tanto de la pasión. De la Pasión con mayúsculas.

Cuando hablamos de lo apasionante que es crear una empresa o de cómo debes de ir a trabajar cada día, no te estoy hablando de hacerlo un poco más feliz que la media, ni tampoco se trata de hacerlo simplemente con buen humor. Estar apasionado es mucho más que eso. Estar apasionado con una persona, con un tema, con una iniciativa o con un proyecto significa que todo lo que ocurra a tu alrededor es una fuente de inspiración para llegar a sacarlo adelante.

Estar apasionado es que tu cuerpo sienta sensaciones tanto física como mentalmente que incluso no seas capaz de controlar. Hay muchos indicios que pueden denotar la pasión por algo: los latidos del corazón, el brillo en los ojos, la capacidad, la aceleración mental, la respiración... Pero en cada cuerpo la pasión se manifiesta de distinta manera. Lo importante es sentirlo, y te garantizo que ser consciente de cada uno de esos estímulos y reacciones que emanan de tu cuerpo cuando se produce esta pasión es algo realmente alucinante.

Pues bien, de cara al objetivo que aquí nos estamos planteando, vamos a necesitar de esta pasión. Si queremos llevar a cabo un proyecto, y no se trata solamente de desarrollarlo, sino de alcanzar el éxito con él, nos hará falta que la pasión se haya instalado plenamente dentro de nosotros. Un amigo mío me decía que no se puede estar medio enamorado, que o estás enamorado o no lo estás. Por mi parte, el consejo que os puedo dar para perseguir y conseguir esa libertad de la que venimos hablando desde el primer capítulo es que, si vas a por algo, y aquí nos estamos refiriendo a un algo muy poderoso, vayas con todas tus fuerzas. Por el contrario, si no estás muy seguro, es mejor que te quedes en la casilla de salida.

Cuando alguien está apasionado por llegar a la cima de una montaña y por el camino se encuentra un árbol que le obstaculiza el camino, solo en el caso de tener una profunda ambición y necesidad por llegar, será capaz de encontrar los recursos e inventar miles de fórmulas para salvar dicho obstáculo.

En la realidad de nuestro día a día, debemos tener todos nuestros sentidos completamente abiertos y funcionando para ver todas las herramientas y claves que la vida nos ofrece para conseguir nuestros objetivos. Son muchas las oportunidades que tenemos a nuestro alcance, pero la cuestión radica en que, si no conviertes tu objetivo en fundamental, probablemente te ocurra como le pueda ocurrir a un daltónico que teniendo un color rojo fuerte a su lado es posible que no perciba sus tonalidades ni su fuerza.

En la vida hay que estar muy despierto si lo que se persigue es poder cumplir el sueño de parar de trabajar cuando a uno le dé la gana. Instaurar la pasión en todas las partes de tu cuerpo, para conseguir el objetivo económico-financiero-empresarial del que estamos hablando, te hará llegar a controlar cada uno de los pequeños detalles que tienes que ser capaz de dominar para conseguir el objetivo global que buscas.

Creo que no existe nada más apasionante que tener el dominio y el control de algo que parecía indomable.

Os pondré de ejemplo a un director de orquesta, ya que considero que es una profesión que es capaz de transmitir la pasión de quien la ejerce. Os invito a que busquéis en Internet a algún reconocido director de orquesta para que podáis ver cómo parece que levita cuando maneja y dirige con esa batuta que da entrada y salida a cada uno de los sonidos que producen la melodía final que todos oímos. Sus movimientos y sus expresiones muchas veces nos hacen pensar el disfrute o el nervio que está aplicando para poder dirigir la pieza musical que está produciendo con todos los miembros de su orquesta.

El caso es que imposible ser director de orquesta sin conocer perfectamente cada uno de los instrumentos que componen tu propia banda de música. Aprender cómo funcionan es un largo y duro camino que no todos consiguen recorrer en su totalidad.

Tampoco vosotros disfrutaréis de vuestro proyecto empresarial hasta que notéis que domináis cada uno de los detalles que lo componen. Si estamos hablando de una empresa, sabréis que se compone de distintos departamentos: departamento de recursos humanos, departamento de producción, departamento comercial, departamento de comunicación, etc. Cada uno de estos departamentos se compone a su vez de pequeñas miniáreas que hay que saber aprender a manejar y a solucionar cuando algo se estropea.

Solo la pasión os llevará al dominio absoluto de lo que estamos tratando de llevar a cabo.

Y por último... ***inspírate.***

45
Conviértete en un líder

Los que hayáis trabajado en una gran empresa y hayáis compartido oficina o despacho con distintas personas, habréis podido observar lo diferentes que somos los seres humanos en cada una de nuestras facetas, pero especialmente a la hora de trabajar.

Si cogiéramos una empresa u oficina de unas 50 personas, lo más probable es que todas ellas conozcan cuál es el organigrama formal de la empresa. Normalmente suele estar plasmado en algún documento formalizado y puede accederse a él fácilmente porque se exhibe desde alguna de las paredes de las instalaciones de la empresa, o incluso porque está disponible en la página web corporativa.

El organigrama formal de una empresa suele tener una forma piramidal; una pirámide en la cual un director dirige a unas cuatro o cinco personas, y a su vez imaginemos que cada uno de ellos dirige a otras ocho o nueve. En un organigrama piramidal como el que estamos hablando, las personas que están en la base de la pirámide deben hacer caso u obedecer las directrices que marcan los que tienen inmediatamente por encima, y a su vez, los de la parte media tendrán que seguir las indicaciones del director general o de las personas que tengan inmediatamente por encima.

Sin embargo, es bastante probable que si a esos 50 miembros de la empresa les preguntamos cuál es el organigrama informal de la empresa, no sabrían responder en la mayoría de los casos. Quizá, en primer lugar, ni siquiera sabrían definir qué es el organigrama informal. Y lo siguiente que es muy probable que pueda ocurrir es que muchos se llevarían una enorme sorpresa al observar que hay gente que, estando en puestos inferiores en el organigrama formal, tiene mucha más capacidad de convicción y de arrastre que algunos de sus jefes.

La explicación de por qué ocurre esto es precisamente por lo que traigo este tema a colación en este capítulo: el liderazgo.

Es muy posible, y también recomendable, que para afrontar cualquier proyecto que lleve un cierto grado de complejidad o exija cierta coordinación, uno se vea obligado, si lo desea llevar a buen puerto, a desarrollar ciertas habilidades o capacidades de liderazgo.

Ser un líder no es una cualidad que uno elija tener o no tener; un líder nace y se hace. Hay que trabajar día a día, formarse y, sobre todo, ser capaz de mirarse en un espejo con la debida ambición, pero también con la debida humildad. Una vez hayamos hecho esto, tenemos que entender qué acciones debe llevar a cabo un líder dentro de una organización empresarial para poder ejercer como tal.

En mi caso particular, divido a las personas de una empresa en solo dos tipos: unos son los que hacen únicamente lo que se les pide, y otros son los que, además de hacer lo que se les pide, hacen o proponen muchas otras cosas por el bien del grupo. Normalmente son estos últimos los que más lejos llegan, no solo dentro de la empresa, sino en la vida en general.

Tengo ejemplos en mi vida personal muy concretos con nombres y apellidos de personas que, siendo su único cometido el encargarse de llevar un área en concreto de una empresa, han sido capaces de venir a proponerme a mí, como director general que era de la misma, temas tan diversos como la posibilidad de encargarse de organizar un desayuno para toda la empresa con el fin de mejorar las relaciones entre los empleados, o la posibilidad de comprar unos radiadores para colocar cerca de los compañeros de otro departamento a los que intuía que no les llegaba la calefacción correctamente, o simplemente el hecho de enviarme un recordatorio para que no se me olvidase felicitar a la persona encargada de la limpieza de nuestra oficina el día de su cumpleaños. Todos ellos (y muchos más y muy diversos) pueden ser ejemplos válidos de iniciativa y liderazgo.

Hay personas en el mundo que sin duda son capaces de hacer crecer una organización; personas de las que constantemente se puede estar aprendiendo cualidades para mejorar uno mismo.

Así pues, yo quiero recalcar que ser un líder en cualquier ámbito de tu vida es una decisión que implica estar dispuesto a tener los ojos muy abiertos y a preocuparte por los demás. Significa también estar dispuesto a pensar en grande, cuestión clave que ya te he expuesto antes y, desde ese pensamiento en grande, estar dispuesto a soñar despierto.

Y lo más importante: estar dispuesto a vencer y a convencer.

El trabajo y responsabilidad de un buen líder es el de orientar y empujar a sus trabajadores a que hagan grandes cosas y se conviertan en mejores.

Si yo tuviera que destacar una única característica en un líder sería la seguridad en sí mismo, esa autoconfianza que le ayuda a no dudar entre la decisión de actuar y la acción.

Sobra decir que ser seguro de ti mismo no significa que pienses que no puedes hacer nada mal; es más, ser un buen líder implica también que sepas dejarte ayudar y escuchar aportaciones de otros profesionales. Tampoco olvides nunca esto como una dimensión imprescindible en el buen líder.

Y por último... ***un consejo de experto.***

46
Sed de conocimiento

No existe en el mundo algo más aburrido que una persona sin curiosidad por nada en la vida. Quiero arrancar este capítulo con esta rotunda afirmación puesto que el día a día nos plantea demasiados estímulos, miles y miles de conceptos y situaciones realmente interesantes que, si bien a algunos consiguen provocarles la curiosidad por llegar a entenderlos, a otros simplemente, perdonadme la expresión, les importa un pimiento.

En mis años como profesor de Administración y Dirección de Empresas en la Universidad Francisco de Vitoria, recuerdo perfectamente cómo los alumnos de último curso, con 21 y 22 años, sufrían ciertos apuros cuando les preguntaba algunos datos generales acerca de la zona donde vivían, como por ejemplo cuánta población habita en su localidad, o en la ciudad, país, incluso en el mundo. Que no supieran algunos de estos datos quizá sea relativamente razonable, pero que no les interesase buscar y saber cuántas personas viven precisamente en la ciudad en la que se mueven, a mí ya me parecía una falta de curiosidad ciertamente sorprendente.

Pondré un ejemplo más claro aún: hay personas que cuentan y afirman con orgullo que ellos ni ven telediarios, ni apenas tienen tiempo para leer el periódico. Es decir, se enteran de la realidad que ocurre a su alrededor en los ámbitos económico, político o financiero de puro milagro, por alguna conversación de improviso o porque haciendo *zapping* sobrevuelan, sin apenas intención, algún informativo.

En mi caso particular debo reconoceros que para mí la información de la actualidad es casi como una droga. Como suele decirse, la realidad supera muchas veces la ficción, y no solo eso, es que además es mucho más interesante y mucho más entretenida, y te aporta muchas más herramientas para poder construirte un futuro como el que te gustaría tener.

Desde mi punto de vista, hay dos realidades en las que hay que mostrar auténtica sed de conocimiento, que para mí significa estar continuamente informado. La primera es en relación con la realidad del mundo que nos rodea: la política, la economía y la sociedad. Los sucesos que ocurren diariamente a nuestro alrededor nos hacen entender el mundo en el que vivimos. El presente y el futuro, puesto que considero que también es valioso asimilar ideas o nociones de cómo será el futuro que nos tocará vivir. Y añadamos también el pasado: no solo hay que estar al día de la actualidad, también nos va a aportar mucha perspectiva saber y entender qué ha ocurrido en el mundo en el pasado para poder intuir cómo puede desarrollarse el futuro.

El segundo bloque de información en el que aun recomiendo con mayor intensidad que seamos curiosos y que tengamos una constante sed de conocimiento es en el relativo a todos los ámbitos que estén vinculados a nuestro desarrollo personal y profesional. Hoy en día, gracias a Internet, tenemos a nuestro alcance una gran cantidad de fórmulas para ampliar nuestro conocimiento sobre casi cualquier tema que se nos ocurra.

Aplicaré esto último a un ejemplo práctico. Si, por ejemplo, estás pensando en invertir en la empresa de un vecino tuyo o de un familiar que te ha ofrecido una opción de participación, debes ser consciente de que la información es poder. Debes tener siempre presente que el conocimiento y la búsqueda de información te aportarán criterio, y nunca en la historia ha sido tan fácil como ahora el poder conocer el mundo que nos rodea.

Sin embargo, hay todavía una herramienta más que, para mi gusto, es la más importante de todas para ser capaz de entender cualquier realidad: se trata de la capacidad de preguntar.

Los niños tienen unas enormes ansias por entender todo lo que ocurre a su alrededor y que todavía no entienden y, como bien sabemos, es habitual que muchos padres cuenten cómo la expresión que más repiten cuando les dicen cualquier cosa a sus hijos sea ese famoso «¿y por qué?».

Quizá todos debamos volver a ser un poco niños de vez en cuando. Este es un buen caso para ello: os recomiendo encarecidamente que volvamos a preguntarnos el porqué de las cosas que nos rodean. Es bueno que no nos acomodemos y nos convirtamos en simples ovejas en un rebaño, haciendo y repitiendo todo lo que hace el resto del mundo por el mero hecho de que si lo hace la mayoría debe de ser bueno.

La mayoría de la población en nuestro país se jubilará entre los 65 y los 70 años, después de haber trabajado de lunes a viernes bajo un intenso horario de trabajo. Y más duro todavía, efectivamente la mayoría de ellos no cumplirá sus sueños. Si tú estás leyendo este libro es precisamente porque no quieres seguir el camino de la mayoría, quieres apostar por ti y por tu sueño. En ese caso, no dejes de sentir esa sed de conocimiento que te lleve a cuestionar siempre las cosas que te rodean.

Y por último... ***inspírate.***

47
BUSCA INSPIRACIÓN

La curiosidad de la que te hablaba justo en el capítulo anterior hermana muy bien con la inspiración, otra de las claves que quiero trasladarte en tu búsqueda de la libertad financiera.

Por inspiración, entendemos aquel estímulo o lucidez repentina que siente una persona y que favorece su creatividad, la búsqueda de soluciones a un problema, o la concepción de ideas para emprender un proyecto. Resulta muy especialmente comparable a la que siente un artista para dar lugar a la creación de obras de arte.

La inspiración solo es capaz de llegar a uno mismo cuando consigues llegar a un estado de alta concentración, ya que la concentración es la disposición de tu mente y del resto de tu cuerpo para conseguir que estos funcionen al máximo de sus posibilidades para la consecución de un determinado fin. Concentración en la capacidad que tenemos de focalizar toda nuestra atención en un solo punto.

Efectivamente, hay ocasiones en las que se nos presentan ciertas situaciones o problemas que parecen irresolubles pero que, de pronto, pasan a ser una gran oportunidad y a funcionar perfectamente gracias a un golpe de inspiración. Muchas veces, de hecho, casi siempre, esta inspiración llega en este momento de concentración que tantas veces es necesario alcanzar en la consecución de nuestros objetivos.

Como ves, yo relaciono mucho la inspiración con la concentración, pero también con otra cuestión de la que te hablaba en un capítulo anterior: la pasión. Como te decía, es muy importante apasionarse con los temas que realmente merecen la pena. Os puedo hablar en primera persona cuando digo que mi nivel de pasión hacia el objetivo que tenía cuando fundé mi empresa en 2008 era, y sigue siendo, tan fuerte, que he conseguido que además de llegar a encontrar inspiración en determinados momentos en los que la busco concentrándome al máximo de mis posibilidades, también soy capaz de encontrar la inspiración en casi cualquier esquina de la vida, ya que siento tanta pasión por lo que hago que prácticamente todo me inspira.

Esto es algo que me gustaría que os pasase a todos vosotros. En mi caso es que la propia vida me inspira: una simple canción, ver un partido de tenis de Nadal, ser testigo de cómo un cocinero se proclama el mejor del mundo, o ver en un documental cómo un conejo corre al máximo de sus posibilidades por escapar de las garras de un leopardo. Esas pueden ser cosas que me producen una profunda inspiración, y que muchas veces puedo llegar a aplicar para conseguir que la empresa en la que trabajo sea capaz de conseguir los objetivos que perseguimos.

Casi todos los deportistas de éxito que consiguen llegar a la cima no solo lo hacen porque tengan unas virtudes físicas extraordinarias; la verdadera herramienta que les permite llegar a lo más alto de la cima es su mente, y esto es porque consiguen llegar a unos niveles de concentración y de inspiración que son los óptimos y necesarios para conseguir el reto que persiguen: ser el mejor del mundo en algo.

Cuando estamos inspirados, nos sentimos imparables en cualquier ámbito, sentimos que todo podemos hacerlo.

Sin embargo, también es cierto que muchas veces no nos sentimos inspirados. A menudo se habla de falta de motivación, pero bajo mi punto de vista en realidad el problema suele tratarse de déficits de concentración o de pasión.

Si sientes que tu inspiración se ha esfumado, y por mucho que intentas concentrarte no la encuentras, te daré un consejo: observa. La observación es mucho más que abrir los ojos y ver. Observar significa también fijarse en los pequeños detalles, razonar lo que estás viendo.

Pero, sin duda, hay un lugar donde la inspiración aparece más que en ningún otro, y este es el trabajo. Como decía Pablo Ruiz Picasso:

> «La inspiración existe, pero debe encontrarte trabajando».

Esta es seguramente una de las afirmaciones con la que más de acuerdo estoy.

De manera que, si me permites que te dé un consejo: ponte a trabajar, ponte a hacer cosas, cuantas más mejor y luego ordénalas. De este modo, llegará un momento en el que encontrarás la ansiada inspiración y te darás cuenta de que empezarás a tener una idea tras otra, y además estarás en disposición perfecta, en la mejor de las condiciones, para que dichas ideas no se te escapen y puedas ponerlas en práctica.

Se trata de un flujo bidireccional maravilloso: trabajando te inspiras y, a su vez, la propia inspiración se convierte en la mejor de tus ayudas para trabajar mejor. Y, sobre todo, para poder trabajar sintiéndote realizado.

Y por último... ***un consejo de experto.***

48

ENCUENTRA TU COACH

Que el éxito dependa de uno mismo no quiere decir en absoluto que para conseguirlo no puedas colaborar con otras personas. Todo lo contrario. Ya casi estamos al final del recorrido de las 50 claves que te he querido presentar, y quisiera volver a recordarte con firmeza una de ellas, porque es de las más importantes: esa capacidad de determinar de qué personas debes rodearte para poder cumplir cada una de las pautas que nos hemos ido marcando, y conseguir de este modo las metas que te propongas en tu vida.

En este capítulo quiero tomar esta valiosa idea e ir un poquito más allá. Lo que te propongo ahora es hacer referencia a una figura muy en boga hoy en día y que deseo darle un sentido importante: me estoy refiriendo a lo que conocemos habitualmente con el anglicismo de *coach,* y que nos va a aportar un perfil suficientemente horizontal y, en consecuencia, especialmente válido, como para poder aportarnos valor a todas y cada una de las claves anteriormente mencionadas.

La figura del *coach,* que podemos entender como una especie de consejero o entrenador particular, es esa persona capaz de profundizar y guiarnos en el día a día mientras vamos ejecutando o trabajando en todas estas claves, de manera que nos va a permitir incrementar exponencialmente nuestras posibilidades de éxito para conseguir ese objetivo del que venimos hablando.

Por supuesto, no se trata de nadie que va a hacer el trabajo por nosotros. Estamos hablando de una figura que sencillamente, aunque no es poca cosa, nos pueda servir como guía o asesor. Si usáramos el símil del ciclismo, sería el compañero que nos ayuda a marcar el ritmo que necesitamos en esta carrera en la que estamos inmersos.

A todos aquellos que penséis que esta figura os pueda servir de ayuda: os animo de verdad a que no dudéis, a que no la consideréis como un gasto de tiempo o dinero, sino todo lo contrario, que la consideréis como una de las mejores inversiones que podréis estar haciendo.

Para poder seleccionar a la persona perfecta, yo lo que os recomiendo es que primero invirtáis algo de tiempo tanto en analizaros a vosotros mismos, y luego en analizar qué personas tenéis a vuestro alrededor que os pudieran aportar este complemento de orientación y ayuda que necesitáis.

Pero también tengo que ser sincero y deciros que dar con la persona correcta no es una tarea fácil. La razón es que no hay mucha gente realmente válida para este propósito. Sin embargo, no quisiera acabar este capítulo haciendo una lectura en la que viéramos el vaso medio vacío. Recuerda la importancia del optimismo: el vaso siempre medio lleno.

Y como bien sabes que yo soy de los que prefieren la lectura del vaso medio lleno, os hago esta propuesta: si después de un análisis y búsqueda de este guía, este entrenador personal, o este *coach,* no habéis encontrado a la persona correcta para confiarle este trabajo, me ofrezco personalmente a invitaros a un café con el objetivo de daros algunas pistas de cómo encontrarlo. Yo ya he ejercido como tal, y seguro que os puedo ayudar.

En todo caso, es muy importante que no te sientas frustrado si no encuentras a la primera a ese *coach* o guía que te ayude, pero piensa que justamente lo más normal y recomendable es tener que consultar y conocer personalmente a más de una persona antes de decidir con quién empezar a trabajar.

En última instancia verás que la elección de esta persona es determinante para la consecución de los objetivos que te has marcado. Por este motivo se dice que la relación que mantengas con tu *coach* es una relación muy muy especial, y se necesita que haya confianza y transparencia. El porqué es fundamental esto último se debe a que en cada sesión se hablará de modo muy abierto de asuntos que son muy importantes para ti, de manera que deberás escoger una persona con la que te sientas sinceramente relajado y seguro. Y nunca te sientas avergonzado por sentir que necesitas ayuda para un determinado tema: pídela sin miedo. Es importante que conozca tus fortalezas y tus debilidades.

Asumo que quizá no termines de ver esto del *coach* demasiado claro y creas que este capítulo no está dirigido a ti o que no te aporta nada, ya que todo lo que necesitas sale de ti mismo, incluso sientes que no requieres de nadie más que te ayude a conseguirlo. Pues me vas a permitir que te diga que, seguramente, te estás equivocando.

Lo esencial para la consecución de cualquier objetivo que nos marquemos, tanto en nuestra vida personal como en nuestra vida profesional, es que seamos conscientes de nuestras cualidades, características, habilidades y competencias, así como de nuestras debilidades y dificultades, porque así es como tomas consciencia de tu situación actual y de tus carencias, y ese es el momento en el que más cerca estás de la meta.

Pero para alcanzar algo así, todos necesitamos a otras personas, no lo dudes; nuestra mirada en solitario queda demasiado limitada, y requerimos de otras personas que nos proporcionen la distancia y perspectiva necesarias.

Y de eso quiero hablarte a continuación, de perspectiva.

Y por último... ***un poco de humor.***

49
La perspectiva

> «La perspectiva es la única diferencia que existe entre un tonto y un listo».

Esta era la afirmación con la que comenzaba el primer libro que escribí. El porqué de esa afirmación tan rotunda para el comienzo de un libro es sencillamente porque resulta fundamental e imprescindible tener perspectiva para alcanzar el éxito que en este libro buscamos.

Con esta cantidad de pequeñas pautas que te he ido desgranando, lo que pretendo es poder dotar al lector de la capacidad para poder elegir qué porcentaje del tiempo de su vida querrá dedicar a trabajar, qué porcentaje a estar con su familia, que porcentaje a formarse, o qué porcentaje a otros asuntos. Pero tú mismo, como lector, como reclama el título de esta clave, has de tomar perspectiva sobre el porqué y el para qué has empezado a leer este libro.

Y creo que ahí llegamos a nuestro punto de intersección: queremos ganar tiempo y por eso el objetivo que perseguimos no es otro que el de poder reducir a la mitad los años que emplearemos en trabajar en nuestra vida. Lo que cada uno quiera hacer con ese tiempo de vida que podríamos regalarnos a nosotros mismos será ya una decisión propia que cada cual deberemos tomar en su debido momento.

Si os estoy contando todo esto es porque considero que seguramente todos nos hemos sentido alguna vez como si nuestra vida girase y girase sin ningún control. Un día te despiertas y te das cuenta de que han pasado los días, semanas, meses o años y ya no sabes exactamente a dónde te llevará todo eso que estás haciendo. En ese momento es cuando descubres que has perdido la perspectiva de tu vida, por lo que no tienes muy claro qué es lo que sigue.

Cuando llega ese momento lo mejor es parar, dejar de hacer lo que estés haciendo y ponerte a pensar. Tómate un tiempo para pensar en lo que quieres para tu futuro y en los planes que puedes llevar a cabo para conseguirlo.

Por mi experiencia puedo decirte que es muy importante, yo diría que fundamental, que te permitas el poder dedicar una hora a la semana (como mínimo) para analizar esto. Durante ese tiempo de reflexión deberás comprobar los avances reales que has hecho, los pasos que debes dar a continuación, y los cambios que te gustaría realizar para mejorar lo que ya has llevado a cabo y lo que te queda por hacer.

En mi caso, este es un ejercicio que me acompaña constantemente y cuyo valor es puesto en primer plano por mi propia realidad personal y familiar (como ya te decía antes, la familia es una de claves esenciales en mi proyecto de vida). Te lo puedo ilustrar hablándote muy fugazmente de mis propios hijos.

Yo tengo tres hijos: cuando escribo estas páginas, el pequeño, Mateo, todavía tiene solo un año y medio, por lo que aún no conversa conmigo. Con mi hija Marta, que tiene tres años, sí que puedo hablar, pero obviamente las conversaciones no son profundas reflexiones sobre la vida. Tampoco sería lo habitual con mi hijo Pablo, el mayor, que tiene cuatro años, y sin embargo recientemente me sorprendió con sus dudas. Mientras dábamos un paseo me lanzó, con esa curiosidad tan característica de los niños a esa edad, toda una batería de preguntas, y algunas de ellas me resultaron muy significativas: Pablo me preguntaba cuántos años iba tener que estar yendo al colegio y cuántos años le quedaban para ser padre.

A mí me sorprendió que pensara a tan largo plazo, ya que lo normal en un niño tan pequeño es que sus preocupaciones se reduzcan a lo que ha sucedido durante apenas las dos últimas horas y a lo que ha de pasar, como mucho, en las próximas cinco. Pero lo cierto es que dicha conversación también a mí me hizo reflexionar, una vez más, sobre el sentido de mi esfuerzo cada día cuando voy al trabajo, y sobre las razones del porqué a veces llego algo más tarde a casa de lo que me gustaría.

Las preguntas de mi hijo me devolvieron las reflexiones sobre la importancia de la perspectiva, y os invito también a vosotros a que focalicéis vuestro pensamiento en este concepto. Es algo que, de soslayo, ya se ha citado en capítulos anteriores en este libro y que, como ves, encabezaba mi anterior esfuerzo literario. Es decir, es una idea recurrente para mí. Y la conclusión viene a ser una máxima fundamental para mí: cualquier esfuerzo puntual en el ámbito del trabajo recobra sentido cuando pienso en el tiempo que quiero pasar ahora y en el futuro al lado de las personas que más quiero.

Me encanta mi trabajo y eso es, sin duda, una enorme suerte que tengo. Sin embargo, por mucho que me gusten las valoraciones de empresas, el desarrollo de franquicias, el sector financiero, o cualquier otro servicio que con mucha pasión ofrecemos desde el Grupo PGS, tengo que reconocer que pocas cosas hay mejores que poder estar tiempo disfrutando con mis hijos y con mi familia. Puede parecer algo simple, pero hay cosas en las que no hay que complicarse, y en estos momentos ellos están en la parte alta de la pirámide de mi felicidad.

Eso también es perspectiva.

Y por último... ***una recomendación.***

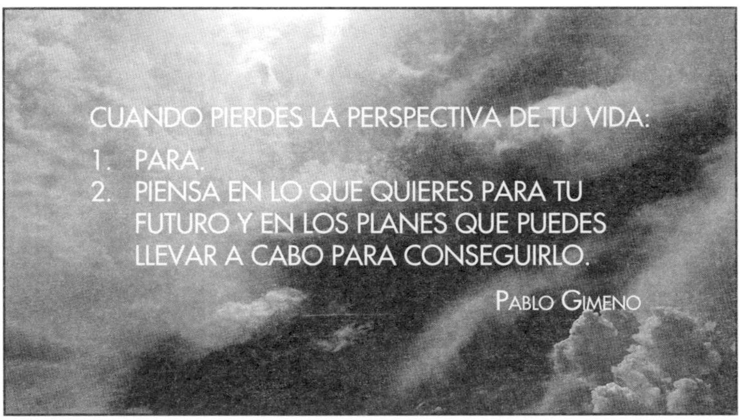

50
La suerte

Todavía debo reservar espacio para una última clave, ya que me parece importante terminar con una reflexión sobre ese concepto tan poderoso como es el de la **suerte.**

¿Por qué hablar de la suerte llegados a este punto en el que ya estamos acabando el recorrido por las 50 claves que nos llevan a alcanzar nuestro objetivo? Pues porque estoy seguro de que más de uno, mientras leía este libro, en algún momento ha pensado que quizá él no iba a ser capaz de llegar a la meta que perseguimos porque a su alrededor tiene baches o impedimentos que le imposibilitan el ejecutar todos los consejos que hemos ido detallando, los cuales siente que se escapan a su capacidad de intervenir y que su éxito depende de «la suerte» o de si esos baches se arreglan solos.

Es evidente que todas las personas tenemos a lo largo de nuestra vida sustos, problemas o baches de diversos tipos, ya sean de salud, económicos, familiares, de amor, etc. Son cuestiones que, de una manera u otra, tenemos que ir solucionando todos.

Eso sí, los problemas que tenemos cada uno de nosotros siempre nos parecen extraordinarios y los más importantes del mundo, mucho más que los que les ocurren a los demás, que tendemos a relativizarlos. Pero lo cierto es que, si analizamos las cosas con frialdad y hacemos una pequeña comparativa, la mayoría de las personas vivimos y pasamos por estadios relativamente parecidos. Por eso os pido por favor que ninguno de vosotros piense que poder elegir si jubilarse o no antes de los 50, es decir, «elegir poder elegir», es algo que está fuera del alcance de cada uno de nosotros mismos.

Por eso, yo digo que en la vida es preferible a veces pensar que la suerte no existe. Y recordarás que de esto ya te hablé en capítulos anteriores, cuando te citaba la importancia de huir de los quejicas porque «atraen la mala suerte», que era una manera de decirte que tú puedes crearte tu propia suerte. Y también te decía que cuanto más se trabaja, más suerte se tiene.

Piénsalo: ¿qué resultado saldría si hiciéramos a nivel nacional una encuesta en la que preguntásemos si Rafael Nadal ha llegado a conseguir todo lo que ha conseguido en el mundo del tenis por una cuestión donde la suerte ha sido clave o si ha sido como resultado de su esfuerzo y sacrificio? ¿Es suerte que se haya consagrado como el mejor deportista español de la historia?

Todavía habrá alguno que pensará que le ha ayudado apellidarse Nadal, otros pensarán que también ha sido suerte la que tuvo al nacer con un físico muy adecuado para ese deporte, y algunos dirán que la suerte ha recaído en él por el hecho de tener una pista de tenis cerca de su casa. Pero estoy convencido de que la encuesta sería rotunda. Rafael Nadal, aparte de ser un ejemplo en muchas cosas, como puede ser en deportividad o en los valores que practica, es un símbolo del esfuerzo y sacrificio, un ejemplo de superación, de fuerza mental y de disciplina, el paradigma de la «suerte creada» por uno mismo y, en definitiva, el referente idóneo para un libro como este.

Por supuesto, podemos tener un amplio debate acerca de si existen o no pequeños golpes de suerte a lo largo de la vida, y el grado en el que estos golpes pueden marcar tu destino. Pero lo que no admite discusión ni un solo segundo es que la disciplina y el esfuerzo son factores completamente determinantes hacia el destino de cada uno.

Por eso, cuando te remito a hablar de suerte en este capítulo final, lo que estoy haciendo es, inevitablemente, hablar de disciplina, de ambición y de ganas. Ambas palabras son dos términos que están completamente ligados: a mayor disciplina, mayor suerte.

La disciplina es la capacidad de un sujeto para marcarse unos objetivos, o una rutina en la que ejecutar una serie de acciones enfocadas a conseguir un beneficio. El hecho de poder tener una gran disciplina en tu vida está vinculado a una serie de factores, principalmente la capacidad de concentración o la capacidad de sacrificio (aunque también a algunos otros valores o aptitudes completamente necesarios).

Aun así, debemos ser realistas y enfocar correctamente nuestros esfuerzos en el camino correcto. Es decir, nuestro sacrificio, nuestra concentración y nuestro esfuerzo deben sembrarse en el campo correcto. Es fundamental que el objetivo en el que uno busca enfocar su vida sea el objetivo correcto.

Todas las personas tenemos ciertas habilidades y destrezas en unos campos y ciertas debilidades en otros. Por eso, es muy importante que para que el sacrificio, el esfuerzo y la disciplina den los mayores frutos posibles, hayamos hecho un preanálisis serio y exhaustivo sobre cuáles son los principales dones personales de los que disponemos. Un análisis equivocado de uno mismo puede dificultar en gran medida y aumentar notablemente el esfuerzo necesario para conseguir cualquier objetivo que te propongas en la vida.

Y después, es importante remarcar que, a poco bien que esté hecho ese análisis previo en el que marquemos y analicemos la habilidades y debilidades de las que disponemos nosotros mismos, el resultado dependerá de un factor clave por encima de otros muchos: nuestro trabajo.

La suerte es como la inspiración, la encontrarás cuando trabajes, y único camino infalible para llegar a ella es el de la perseverancia y el trabajo. La suerte es la conjunción de todas las situaciones y condiciones necesarias para que se dé el éxito, y aunque, por supuesto que existe la suerte en el juego y en cosas similares directamente determinadas por el azar, cuando de verdad hablamos de riqueza, de éxito, de triunfo y de autorrealización, nada se da por casualidad.

En definitiva, debemos conocernos a nosotros mismos y saber con qué herramientas contamos para poder llevar a cabo el objetivo que perseguimos. Y después, trabajar con esfuerzo, sacrificio y disciplina. Y así construiremos nuestra suerte.

Esas herramientas son las que he tratado de mostrarte a lo largo de todas estas páginas, pero al final eres tú el que debe desarrollarlas. Eres tú quien creas tu suerte. Poder elegir estar en tu mano.

Y termino ya, deseándote, cómo no, la mejor de las «suertes». Esta es una fórmula irónica como despedida después de lo que te acabo de explicar. Porque lo que de verdad te deseo es que, con mi humilde aportación y orden a través de estos 50 pasos que hemos desgranado, hayas conseguido las herramientas necesarias para que tú mismo te crees la mejor de las suertes.

Y por último... ***un consejo de experto.***

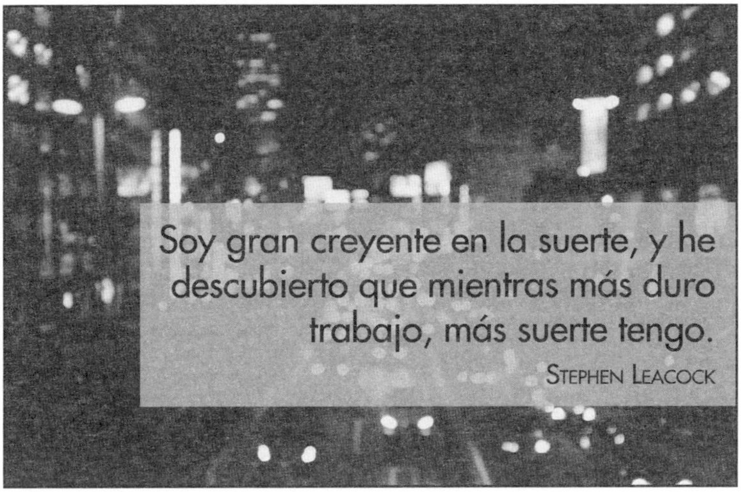

A MODO DE DESPEDIDA: CONTACTA CONMIGO

En este libro he intentado plasmar todas aquellas claves que considero necesarias, y que yo mismo sigo con rigor, para alcanzar el objetivo de poder elegir si jubilarnos antes de los 50 años; un objetivo que, como ya ha quedado bien explicado, en realidad encierra una ambición mucho más integral: la capacidad de poder elegir sobre tu vida, sobre qué hacer con tu tiempo.

Puedo afirmar con sinceridad y rotundidad que ha sido un verdadero placer poder viajar con vosotros durante este camino cuyo destino pretende ser la libertad financiera y el poder jubilarnos mucho antes que la mayoría de la población.

Pero no quiero que al terminar estas páginas sientas que la despedida sea definitiva. Siempre es posible que te hayan quedado dudas por resolver, y si ese el caso, o consideras que te falta información sobre alguna de las claves que he tratado en el libro, te invito a que, con toda la confianza, me lo hagas saber.

Y aun voy más allá. En una de las claves te recomendaba que te buscaras tu propio *coach;* pues bien: si todavía no has podido encontrar a un *coach* que te ayude y guíe en este camino porque con las pistas que te he dado para buscarlo no te ha sido suficiente, me comprometo personalmente a echarte una mano.

Escríbeme a mi correo personal pablogimeno@grupopgs.es y nos tomamos un café juntos. Seguro que puedo echarte una mano de alguna forma.

Te espero.